AF262198
Of
17

CONSTITUTION

POLITIQUE.

DE LA

MONARCHIE ESPAGNOLE;

PROMULGUÉE A CADIX, LE 19 DE MARS 1812.

TRADUITE DE L'ESPAGNOL

PAR

AIMÉ DUVERGIER,

EX-CHEF D'ESCADRON.

SOUS LES YEUX

De quelques Membres des Costès et principalement sous ceux du Secrétaire. redacteur des procès-verbaux et des discutions de la même assemblée ; auteur du Catéchisme politique d'après la Constitution espagnole.

~~~~~~~~~~

PARIS,

CHEZ CORRÉARD, PALAIS ROYAL, GALERIE DE BOIS,
n°. 258.

———

1820.
~~~~~~~~~~

DON FERDINAND VII, *par la grâce de Dieu et de la constitution de la monarchie espagnole*, *et pendant son absence et sa captivité*, *la Régence du royaume nommée par les Cortès générales et extraordinaires*, *à tous ceux qui ces présentes mêmes verront : faisons savoir que les Cortès ont décrété et sanctionné la Constitution suivante :*

PRÉFACE.

Dans toute occasion , la révolution d'Espagne eût sans doute causé une vive sensation en France ; mais les circonstances où nous nous trouvons, ajoutent à à l'affranchissement de la péninsule, un plus haut degré d'intérêt. Une nation qui nous paraissait abattue sous le pouvoir absolu, lève tout-à-coup une tête indépendante, et en présence d'une ligue de rois, force le sien à reconnaître qu'il ne tient le pouvoir que du peuple. Cette sublime révolution s'opère tandis que nous, les enfans chéris de la liberté, nous renonçons au culte de votre protectrice.

Cependant les événemens qui se passent chez nos voisins, ont le pouvoir d'exciter parmi nous une vive curiosité. Nous n'en sommes pas encore venus au point de ne plus sentir notre cœur s'animer quelquefois au doux nom de la liberté. Nous ne pouvons nous empêcher d'admirer la grandeur du caractère espagnol : nous voulons connaître aujourd'hui toutes les circonstances de la révolution nouvelles, ceux qui l'ont faite, les institutions qui l'ont précédée, nous cherchons même à deviner ce qui va naître. C'est ainsi qu'un homme paralysé tâche de retrouver des jouissances le bonheur et dans l'espérance des autres.

La révolution d'Espagne était prédite par l'observateur qui ne perd point de vue ce qui se passe chez un peuple. L'Espagnol, accoutumé au plus grand degré de respect pour ses rois, supportait avec patience le gouvernement de Ferdinand VII. Mais cette fière nation se rappelait qu'elle avait lutté victorieusement contre les bataillons de l'Europe, qu'elle avait été gouvernée par de sages Cortès ; que ces pères de la patrie avaient donné une constitution qui rendît le citoyen invincible et qui pouvait élever l'Espagne au plus haut degré de prospérité. Les sujets de Ferdinand avaient déposé dans leurs cœurs ces consolans souvenirs, jusqu'à ce que, perdant toute espérance du côté de leur prince, ils se vissent obligés à le contraindre de songer au bonheur de la patrie et à la récompense due au patriotisme. Les Cortès bannis ou emprisonnés, la guerre contre les colonies, un sceptre qui devenait de jour en jour plus pesant, voilà ce qui fit prendre à une armée de citoyens le parti d'en finir avec le despotisme.

C'était dans la constitution des Cortès que résidaient toutes les espérances : on força le roi à la reconnaître.

Nous croyons faire un œuvre utile et agréable à nos concitoyens en leur donnant une traduction fidèle de la constitution espagnole. Nous y joignons une lettre écrite à Ferdinand VII, par les Cortès. On verra que, si le roi d'Espagne ne prit point plus tôt le parti de contenter le peuple, ce ne fut pas faute de bons conseillers.

Puisse l,exemple de l'Espagne être utile aux peuples et aux rois !

CONSTITUTION

POLITIQUE

DE LA

MONARCHIE ESPAGNOLE.

AU NOM DU DIEU TOUT-PUISSANT, PÈRE, FILS ET SAINT-ESPRIT, auteur et législateur suprême de la société :

Les *cortès* génèralle et extraordinaires de la nation espagnole, bien convaincues, après un long examen et une mûre délibération, que les anciennes lois fondamentales de cette monarchie affermies par une organisation convenable, et appuyées d'une garantie qui assure, d'une manière stable et permanente, leur entière exécution, rempliront le grand objet désiré, celui de la gloire, de la prospérité et du bien-être de toute la nation, décrètent, pour le bon gouvernement et la bonne administration de l'État, la constitution politique suivante :

TITRE I.
De la Nation espagnole et des Espagnols.

CHAPITRE PREMIER.
De la Nation espagnole.

ART. 1. La nation espagnole se compose de tous les Espagnols des deux hémisphères.

2. La nation espagnole est libre et indépendante ; elle n'est, ni ne peut être jamais, le patrimoine d'aucune famille ni d'aucun individu.

3. La souveraineté réside essentiellement dans la nation ;

et, par la même raison, c'est à elle qu'appartient exclusivement le droit d'établir ses lois fondamentales.

4. La nation est obligée de conserver et de protéger, par des lois sages et justes, la liberté civile, la propriété, ainsi que les autres droits légitimes de tous les individus qui la composent.

CHAPITRE II.

Des Espagnols.

5. Sont Espagnols :

1°. Tous les hommes libres, nés et domiciliés, eux et leurs enfans, dans les pays des Espagnes;

2°. Les étrangers qui ont obtenu des lettres de naturalisation des cortès ;

3°. Ceux qui, sans ces lettres de naturalisation, sont domiciliés, conformément à la loi, depuis dix ans dans quelque lieu que ce soit, faisant partie de la monarchie;

4°. Les affranchis, dès qu'ils auront acquis la liberté dans les Espagnes.

6. L'amour de la patrie est un des principaux devoirs de tous les Espagnols, ainsi que la justice et la bienfaisance.

7. Tout Espagnol est obligé d'être fidèle à la constitution, d'obéir aux lois et de respecter les autorités établies ;

8. Est également obligé, tout Espagnol, sans aucune distinction, de contribuer, à proportion de ses facultés, aux dépenses de l'État ;

9. Tout Espagnol est encore obligé de défendre la patrie, les armes à la main, quand il est appelé par la loi.

TITRE II.

Du Territoire, de la Religion, du Gouvernement et des Citoyens espagnols.

CHAPITRE PREMIER.

Du Territoire des Espagnes.

10. Le territoire espagnol comprend dans la péninsule, inclusivement avec ses possessions et ses iles adjacentes, l'Aragon, les Asturies, la vieille Castille, la nouvelle

Castille, la Catalogne, Cordoue, l'Estramadure, la Galice, Grenade, Jean, Léon, Molina, Murcie, Navarre, les provinces Biscaïennes, Séville et Valence, les îles Baléares, les Canaries et les autres possessions d'Afrique. Dans l'Amérique septentrionale, la nouvelle Espagne, la nouvelle Galice, et la péninsule de Yucatan, Guatimala, les provinces intérieures de l'est, les provinces intérieures de l'ouest, l'île de Cuba avec les deux Florides, la partie espagnole de l'île de Saint-Domingue, et l'île de Porto-Rico avec les autres terres adjacentes au continent de l'une et de l'autre mer. Dans l'Amérique méridionale, la nouvelle Grenade, Venezuela et le Pérou, le Chili, les provinces de la rivière de la Plata, et toutes les îles adjacentes dans la mer Pacifique et dans l'Atlantique. Dans l'Asie, les îles Philippines et celles qui dépendent de son gouvernement.

11. Il sera fait une division plus convenable du territoire espagnol par une loi constitutionnelle, aussitôt que les circonstances politiques de la nation le permettront.

CHAPITRE II.

De la Religion.

12. La religion de la nation espagnole est et sera perpétuellement la religion catholique, apostolique, romaine, la seule vraie. La nation la protége par des lois sages et justes, et défend l'exercice de toutes les autres.

CHAPITRE III.

Du Gouvernement.

13. L'objet du gouvernement est le bonheur de la nation ; car le but de toute société politique n'est autre chose que le bien-être des individus qui la composent.

14. Le gouvernement de la nation espagnole est une monarchie modérée et héréditaire.

15. Le pouvoir de faire les lois réside dans les cortès concurremment avec le roi.

16. Le pouvoir de faire exécuter les lois réside dans le roi.

17. Le pouvoir d'appliquer les lois dans les causes civiles et criminelles, réside dans les tribunaux établis par la loi.

CHAPITRE IV.

Des Citoyens espagnols.

18. Sont citoyens les Espagnols nés de pères ou de mères originaires des domaines espagnols dans les deux hémisphères, et domiciliés dans une commune de ces domaines.

19. Est également citoyen l'étranger qui, jouissant déjà des droits d'un Espagnol, obtiendra des cortès des lettres spéciales de citoyen.

20. Pour qu'un étranger puisse obtenir des cortès des lettres de naturalisation, il devra être marié avec une Espagnole et avoir importé ou établi en Espagne quelque invention ou genre d'industrie utile, ou avoir acquis des biens-fonds sur lesquels il paie une contribution directe, ou s'être établi dans le commerce avec un capital considérable et à lui appartenant au jugement des cortès, ou avoir rendu des services signalés pour le bien ou la défense de la nation.

21. Sont pareillement citoyens les fils légitimes des étrangers domiciliés dans les Espagnes, qu'iétant nés dans les domaines espagnols, n'en sont jamais sortis sans la permission du gouvernement, et qui ayant vingt et un ans accomplis, se sont établis dans un lieu des mêmes domaines, et y exercent quelque profession, métier ou industrie utile.

22. Quant aux Espagnols qui, par une descendance quelconque, tirent leur origine de l'Afrique, le chemin de la vertu et du mérite leur reste ouvert pour aspirer à être citoyens, et en conséquence les cortès accorderont des lettres de citoyen à ceux qui auront rendu des services éminens à la patrie, ou à ceux qui se distingueront par leur talent, leur application et leur conduite, sous la condition qu'ils soient enfans d'un légitime mariage de parens libres, qu'ils soient eux-mêmes mariés avec une femme libre, et établis dans les domaines de l'Espagne, et qu'ils y exercent quelque profession, métier ou industrie utile avec un capital à eux.

23. Ceux-là seulement qui sont citoyens pourront obtenir des charges municipales, et élire à ces mêmes charges dans les cas indiqués par la loi.

24. La qualité de citoyen espagnol se perd :

1º. Pour avoir acquis naturalisation en pays étranger;

2º. Pour avoir accepté un emploi d'un autre gouvernement;

3º. A raison d'une sentence portant peine afflictive ou infamante, à moins qu'on n'ait obtenu sa réhabilitation ;

4º. Pour avoir résidé cinq années de suite hors du territoire espagnol sans commission ou permission du gouvernement.

25. L'exercice des mêmes droits est suspendu :

1º. En vertu d'une interdiction judiciaire pour incapacité physique ou morale ;

2º. Par l'état de banqueroute ou de débiteur de deniers publics;

3º. Par l'état de domesticité;

4º. Pour n'avoir ni emploi, métier ou moyen connu d'existence;

5º. Pour se trouver poursuivi criminellement.

6º. Dès l'année 1830, ceux qui voudront de nouveau entrer dans l'exercice des droits de citoyen, devront savoir lire et écrire.

26. Ce n'est que pour les causes indiquées dans les deux articles précédens que pourront se perdre ou être suspendus les droits de citoyen, et non pour d'autres.

TITRE III.
Des Cortès.

CHAPITRE PREMIER.
De la manière de former les Cortès.

27. Les cortès sont la réunion de tous les députés qui représentent la nation, nommés par les citoyens dans la forme qui va être indiquée.

28. La base pour la représentation nationale est la même dans les deux hémisphères.

29. Cette base est la population composée des naturels du pays nés d'un père et d'une mère originaires des domaines espagnols, et de ceux qui ont obtenu des cortès des lettres de citoyen, ainsi que de ceux compris dans l'art. 21.

31. Le dernier recensement de l'année 1797 servira

pour calculer la population des domaines européens, jusqu'à ce qu'un nouveau puissse être fait, et il sera formé un recensement pareil pour le calcul de la population des domaines d'outre-mer ; mais on se servira en attendant, des derniers, qui sont regardés comme les plus authentiques.

31. Pour chaque 70,000 âmes de la population composée ainsi qu'il est dit dans l'article 29, il y aura un député aux cortès.

32. Si, d'après la population de chaque province, il résulte dans une d'elles un excédant de plus de 35,000 âmes, on élira un député de plus, comme si le nombre s'élevait à 70,000 ; et si le surplus n'excède pas 35,000, il ne se comptera pas avec elle.

33. S'il y avait quelque province dont la population ne s'élevât pas à 70,000 âmes, pourvu toutefois qu'elle ne fût pas au-dessous de 60,000, elle nommera un député, et si elle n'atteint pas à ce nombre, elle se joindra à la contiguë pour compléter le nombre requis de 7°,000. Il sera excepté de cette règle d'île de Saint-Domingue, qui nommera un député, quelle que soit sa population.

CHAPITRE II.

De la nomination des Députés aux Cortès.

34. Pour l'élection des députés aux cortès, il sera convoqué des juntes électorales de paroisses, de district (*partido*) et de province.

CHAPITRE III.

Des Juntes électorales de paroisse.

35. Les juntes électorales de paroisse se composeront de tous les citoyens domiciliés et résidans sur le territoire de la paroisse respective, parmi lesquels sont compris les ecclésiastiques séculiers.

36. Ces juntes se rassembleront toujours dans la péninsule, et dans les îles et possessions adjacentes, le premier dimanche du mois d'octobre de l'année antérieure à celle de la tenue des cortès.

37. Dans les provinces d'outre-mer, elles se tiendront le premier dimanche du mois de décembre, quinze mois

avant la session des cortès , sur l'avis que les municipalités devront donner préalablement pour les unes et pour les autres.

38. Dans les juntes de paroisse il sera nommé un électeur de paroisse pour chaque deux cents domiciliés.

39. Si le nombre des habitans de la paroisse excédait 300 , sans atteindre cependant à 400 , on nommera deux électeurs ; s'il excédait 500 , quand même il n'atteindrait pas à 600 , il en sera nommé trois , et ainsi progressivement.

40. Dans les paroisses dont le nombre d'habitans ne s'élève pas à 200 , pourvu toutefois qu'elles en contiennent 150 , il sera nommé cependant un électeur ; et dans celles où il n'y a pas ce nombre , les habitans se réuniront à ceux de la paroisse contiguë , pour nommer l'électeur ou les électeurs , ainsi qu'il est prescrit.

41. La junte paroissiale élira , à la pluralité des suffrages , onze délégués (*compromissarios*) , pour que ceux - ci nomment l'électeur de paroisse.

42. Si dans la junte paroissiale il fallait nommer deux électeurs de paroisse , on élira 21 délégués ; 31 , s'il fallait en nommer 3 , sans qu'en aucun cas on puisse excéder ce nombre de délégués , afin d'éviter la confusion.

43. Afin d'avoir égard aux convenances des communes , on observera ce qui suit : La paroisse qui contiendra jusqu'à 20 habitans , élira un délégué ; celle qui en contiendra 30 à 40 , en choisira 2 ; celle qui en aura de 50 à 60 , en élira 3 , et ainsi progressivement. Les paroisses qui renfermeront moins de 20 habitans , se réuniront avec les plus voisines pour élire des délégués.

44. Les délégués des paroisses où la population sera peu nombreuse , après avoir été élus , ainsi qu'il vient d'être dit , dans l'endroit le plus convenable , et formant le nombre de 11 , ou au moins de 9 , ils nommeront un électeur de paroisse ; s'ils formaient le nombre de 21 ; ou au moins de 17 , ils nommeront deux électeurs paroissiaux ; et s'ils étaient réunis au nombre de 31 , ou au moins de 25 , ils nommeront trois électeurs , et ainsi progressivement.

45. Pour être nommé électeur de paroisse, il faut être citoyen, âgé de 25 ans, domicilié et résidant dans la paroisse.

46. Les juntes de paroisse seront présidées par le premier magistrat politique (*gefe politico*) ou l'alcalde ou juge de la cité, bourg ou village dans lequel se réunira l'assemblée, avec l'assistance du curé de la paroisse, afin de donner plus de solennité à cet acte; et si dans un même endroit il se trouve, à cause du nombre de ses paroisses, deux juntes ou au-delà, l'une sera présidée par le premier magistrat ou par l'alcalde; l'autre par l'autre alcalde; et les régidors tirés au sort, présideront les autres.

47. L'heure de la réunion étant arrivée, l'assemblée se tiendra à la maison de ville ou dans le lieu consacré à cet usage. Les citoyens compétens s'étant réunis, se rendront avec leur président à la paroisse, où sera célébrée une messe solennelle du Saint-Esprit par le curé qui prononcera un discours analogue aux circonstances.

48. La messe finie, on retournera à l'endroit d'où l'on était parti; alors l'ouverture de la junte aura lieu par la nomination de deux scrutateurs et d'un secrétaire choisis parmi les citoyens présens, et l'on procédera les portes ouvertes.

49. Le président demandera ensuite si quelque citoyen a des plaintes à porter relativement à quelque fait de corruption ou de subornement qui pourrait avoir eu lieu en faveur de quelque individu; et si l'on porte quelque plainte, elle devra être, à l'instant même, prouvée verbalement et publiquement. L'accusation étant prouvée, ceux qui auront commis le délit ne pourront ni voter ni être élus. Les calomniateurs subiront la même peine, et ce jugement sera sans appel.

50. S'il s'élève des doutes sur les qualités requises pour pouvoir voter, la même junte portera sur-le-champ la décision qui lui paraîtra convenable, et cette décision s'exécutera sans aucun recours, mais n'aura d'effet que pour cet acte et cette fois seulement.

51. On procédera immédiatement après, à la nomination des délégués : à cet effet, chaque citoyen désignera un nombre de personnes égal à celui des délégués, en

s'approchant de la table où siégent le président, les scrutateurs et le secrétaire. Ce dernier inscrira sur une liste les personnes en présence des votans. Dans ce cas et dans tous les autres, aucun citoyen ne pourra voter pour lui, sous peine de perdre le droit de voter.

52. Cet acte étant terminé, le président, les scrutateurs et le secrétaire vérifieront les listes, et le premier publiera à haute voix les noms des citoyens qui auront été élus délégués, après avoir réuni le plus grand nombre de voix.

53. Les délégués nommés se réuniront dans un lieu séparé avant que la junte soit dissoute, et en conférant entr'eux, ils procéderont à la nomination de l'électeur ou des électeurs de cette paroisse: l'individu ou les individus qui réuniront plus de la moitié des voix seront élus; ensuite la nomination se publiera dans la junte.

54. Le secrétaire dressera l'acte que le président et les délégués signeront avec lui, et dont ils remettront une copie pareillement signée à la personne ou aux personnes élues, pour constater leur nomination.

55. Aucun citoyen ne pourra se dispenser des fonctions par aucun motif, ni sous aucun prétexte.

56. Aucun citoyen ne se présentera en armes dans la junte paroissiale.

57. La nomination des électeurs étant vérifiée, la junte se dissoudra immédiatement, et tout autre acte, dans lequel elle voudrait intervenir, sera nul et de nul effet.

58. Les citoyens qui auront composé la junte, se transporteront à la paroisse, où sera chanté un *Te Deum* solennel, l'électeur ou les électeurs étant placés entre le président, les scrutateurs et le secrétaire.

CHAPITRE IV.

Des Juntes électorales de district.

59. Les juntes électorales de district se composent des électeurs de paroisse, qui s'assembleront dans le chef-lieu de chaque district, afin de nommer l'électeur ou les électeurs qui devront se rendre à la capitale de la province pour élire les députés aux cortès.

60. Ces juntes se tiendront toujours dans la péninsule,

dans le îles et possessions adjacentes, le premier dimanche du mois de novembre de l'année antérieure à celle où doivent avoir lieu les cortès.

61. Dans les provinces d'outre-mer, elles s'assembleront le premier dimanche du mois de janvier qui suivra celui de décembre, où se seront tenues les juntes de paroisse.

62. Pour connaître le nombre d'électeurs que chaque district aura à nommer, on se devra conformer aux règles suivantes.

63. Le nombre des électeurs de district sera triple de celui des députés qui doivent être élus.

64. Si le nombre des districts de la province était plus grand que celui des électeurs requis, d'après l'article précédent, pour la nomination des députés qu'ils ont à choisir, on nommera néanmoins un électeur par chaque district.

65. Si le nombre de districts était moindre que celui des électeurs qui doivent être nommés, chaque district en choisira un, deux ou plus, jusqu'à ce que le nombre nécessaire soit complété; mais s'il manque un électeur seulement, il sera nommé par le district dont la population sera la plus forte; s'il en manque encore un autre, il sera nommé par le district le plus fort en population après celui-ci, et ainsi de suite.

66. D'après ce qui est établi dans les articles 31, 32, 33 et dans les trois articles précédens, le recensement détermine combien de députés doivent être nommés dans chaque province, et combien d'électeurs dans chacun de ses districts.

67. Les juntes électorales de district seront présidées par le premier magistrat ou par le premier alcalde du chef-lieu de district, auxquels se présenteront les électeurs de paroisse, avec le titre qui fait foi de leur élection, afin que leurs noms soient enregistrés dans le livre sur lequel doivent être portés les actes de la junte.

68. Le jour indiqué, les électeurs de paroisse se réuniront avec le président dans les salles de la maison de ville, les portes ouvertes, et commenceront par nommer un secrétaire et deux scrutateurs parmi les mêmes électeurs.

69. Ensuite, les électeurs présenteront les certificats de leur nomination pour être examinés par le secrétaire et les scrutateurs, lesquels devront le lendemain avertir s'ils sont en règle ou non. Les certificats du secrétaire et des scruta-

téurs seront examinés par une commission de trois individus de la junte, chargée de faire son rapport à ce sujet, dès le lendemain.

70. Ce même jour, les électeurs de paroisse étant assemblés, on lira les enquêtes faites sur les certificats, et s'il s'y trouve une observation contre la validité de quelqu'un de ces certificats, ou de là nomination des électeurs par défaut des qualités requises, la junte décidera définitivement, et séance tenante, ce qui lui paraîtra convenable; ce qu'elle aura résolu sera exécuté sans appel.

71. Cet acte étant terminé, les électeurs de paroisse passeront avéc leur président à l'église principale, où une messe solennelle du Saint-Esprit sera chantée par l'ecclésiastique le plus élevé en dignité, lequel prononcera un discours conforme aux circonstances.

72. Après cet acte religieux, ils se rendront de nouveau à la salle de l'assemblée, et les électeurs ayant occupé leurs places sans aucune distinction de rang, le secrétaire lira ce chapitre de la constitution, et ensuite le président fera la même demande exigée par l'article 49, et l'on observera tout ce qui y est prescrit.

73. Immédiatement après, on procédera à la nomination de l'électeur ou des électeurs de district, en les élisant un à un, et par scrutin secret, moyennant des billets sur lesquels sera écrit le nom de la personne que chacun élit.

74. Les votes étant recueillis, le président, le secrétaire et les scrutateurs en feront le recensement, et la personne qui aura réuni au moins la moitié des votes, et un en sus, demeurera élue, le président publiant chaque élection. Si personne n'a obtenu la pluralité absolue des voix, les deux qui en auront le plus grand nombre seront seuls ballotés dans le second scrutin, et celui qui aura obtenu le plus grand nombre de voix sera censé élu. En cas d'égalité de votes, le sort décidera.

75. Pour être électeur de district il faut être citoyen, jouissant de l'exercice de ses droits, ayant vingt-cinq ans révolus, habitant du district et y résidant; de l'état séculier, ou ecclésiastique séculier : le choix au reste ne peut tomber sur les citoyens qui composent la junte ou sur ceux qui n'en font pas partie.

76. Le secrétaire rédigera le procès-verbal que signeront

avec lui le président et les scrutateurs, et il en sera remis une copie signée des mêmes personnes, à celui ou à ceux qui auront été élus, afin de constater leur nomination. Le président de la junte remettra une autre copie signée par lui et par le secrétaire, au président de la junte provinciale. Le résultat de l'élection sera publié par la voie des papiers publics dans cette même province.

77. Dans les juntes électorales de district, sera observé tout ce qui est prescrit pour les juntes électorales de paroisse, dans les articles 55, 56, 57 et 58.

CHAPITRE V.

Des Juntes électorales de province.

78. Les juntes électorales de province se composeront des électeurs de tous les districts de cette même province, qui se réuniront dans la capitale afin de nommer les députés voulus et qui doivent assister aux cortès comme représentans de la nation.

79. Les juntes s'assembleront toujours dans la péninsule, et les possessions et îles adjacentes, le premier dimanche du mois de décembre de l'année antérieure à la tenue des cortès.

80. Dans les provinces d'outre-mer, elles se tiendront le second dimanche du mois de mars de la même année où se seront tenues les juntes de district.

81. Les juntes seront présidées par le premier magistrat de la capitale de la province, auquel les électeurs de district se présenteront avec l'acte de leur élection, pour que leurs noms soient incrits sur le livre où doivent être enregistrés les procès-verbaux de la junte.

82. Le jour indiqué, les électeurs de district se réuniront avec le président dans l'hôtel-de-ville ou dans l'édifice qu'on jugera le plus convenable pour un acte aussi solennel, et là, les portes ouvertes, ils commenceront par nommer, à la pluralité des voix, un secrétaire et deux scrutateurs parmi les mêmes électeurs.

83. Si une province n'a le droit de nommer qu'un seul député, elle concourra à cette élection par l'organe de cinq électeurs au moins, en répartissant ce nombre entre les districts dont elle est composée, ou en formant des districts pour ce seul effet.

84. On commencera dabord par donner lecture des quatre chapitres de cette constitution qui traitent des élections. Ensuite on lira les extraits certifiés des procès-verbaux des élections faites dans les chefs-lieux de district, remis par les présidens respectifs ; les électeurs présenteront de même les titres de leur nomination pour être examinés par les secrétaires et les scrutateurs , qui devront rendre compte de leur validité le jour suivant. Les certificats du secrétaire et des scrutateurs seront examinés par une commission de trois membres de la junte , nommés à l'effet d'en rendre compte pareillement le lendemain.

85. Les électeurs de district s'étant réunis ce jour même, il sera fait lecture des rapports sur les certificats, et s'il se trouve un défaut de validité à l'un de ces certificats ou à l'admission de l'électeur, la junte décidera définitivement et sans désemparer ce qu'elle jugera à propos, et ce qu'elle aura résolu s'exécutera sans appel.

86. Ensuite les électeurs de district se transporteront avec le président à la cathédrale ou à la principale église, où il sera chanté une messe solennelle du Saint - Esprit , et l'évêque , ou , à son défaut, l'ecclésiastique le plus élevé en dignité fera un discours analogue aux circonstances.

87. Cet acte religieux fini, on retournera à l'endroit d'où l'on était parti, et, à portes ouvertes, les électeurs ayant pris leurs places sans distinction de rang, le président fera la demande contenue dans l'article 49, et l'on observera tout ce qui est prescrit dans ce même article.

88 Ensuite les électeurs présens procéderont à la nomination du député ou des députés, et les éliront un à un : à cet effet ils s'approcheront successivement de la table vis-à-vis de laquelle se trouvent le président , les scrutateurs et le secrétaire. Celui-ci écrira en présence de chaque votant le nom de la personne que l'électeur voudra nommer. Le secrétaire et les scrutateurs voteront les premiers.

89. Tous les votes étant recueillis, le président, le secrétaire et les scrutateurs en feront le dépouillement, et l'individu qui aura réuni au moins la moitié des voix et une en sus, sera élu. Si personne n'avait réuni la majorité absolue des voix, les deux qui en auront obtenu le plus grand nombre seront ballotés une seconde fois, et celui

qui aura réuni la majorité sera élu. Dans le cas d'égalité, le sort décidera, et l'élection étant terminée, le président la fera connaître.

90. Après l'élection des députés, on procédera à celle des suppléans, d'après les mêmes méthode et forme, et leur nombre sera pour chaque province en raison du tiers des députés effectifs. Si une province n'a droit qu'à un ou deux députés, elle élira nonobstant un député suppléant. Ceux-ci seront admis aux cortès toutes les fois qu'on aura constaté la mort du député effectif ou l'impossibilité où il se trouve d'y siéger, au jugement des cortès, en quelque temps que l'un ou l'autre de ces événemens soit arrivé après l'élection.

91. Pour être député aux cortès, il est nécessaire d'être citoyen, jouissant de l'exercice de ses droits, ayant vingt-cinq ans révolus, né dans la province, ou y être domicilié depuis sept années au moins. Les ecclésiastiques séculiers sont éligibles ; le choix peut tomber sur les citoyens qui composent la junte, ou sur ceux qui n'en sont pas.

92. Il est nécessaire en outre, pour être député aux cortès, d'avoir un revenu annuel convenable, provenant de biens possédés en propriété.

93. La disposition de l'article précédent demeure suspendue jusqu'à ce que les cortès qui doivent se tenir à l'avenir, déclarent l'époque où elle devra être mise à exécution, et qu'ils déterminent la quotité du revenu et la qualité de biens d'où il devra provenir ; ce qu'ils décideront alors sera regardé constitutionnel, de même que si cela eût été déterminé ici.

94. S'il arrive que la même personne soit élue par la province où elle est née, et par celle où elle est établie, l'élection faite à raison du domicile sera maintenue, et celle faite à raison de sa naissance sera remplie de droit par son suppléant.

95. Les ministres, les conseillers d'état, et ceux qui remplissent des charges dans la maison du roi, ne pourront être élus députés aux cortès.

96. Ne pourra non plus être élu député aux cortès aucun étranger, quand même il aurait obtenu des lettres de citoyen de la part des cortès.

97. Aucun fonctionnaire public nommé par le gouvernement ne pourra être élu député aux cortès par la province dans laquelle il exerce sa charge.

98. Le secrétaire dressera procès-verbal des élections, que le président et tous les électeurs signeront avec lui.

99. Les électeurs donneront sans retard et sans aucun prétexte de refus à chacun des députés, des pouvoirs étendus, et les autoriseront à se présenter aux cortès avec la formule suivante.

100. Les pouvoirs seront conçus dans les termes suivans :

Dans la ville ou le bourg de....... le...... du mois de........ l'an..... dans les salles de...... se trouvant assemblés messieurs (on inscrira ici les noms du président et des électeurs de district qui forment la junte électorale de la province) ont dit devant moi, le greffier soussigné, et les témoins convoqués à cet effet, qu'ayant procédé conformément à la constitution politique de la monarchie espagnole, à la nomination des électeurs de paroisse et de district, avec toutes les solennités prescrites par la même constitution, comme il est constaté par les certificats produits dans une forme authentique, les électeurs mentionnés des districts de la province de..... le..... du mois de..... de la présente année, ont fait la nomination de leurs députés, qui, au nom et par représentation de cette province, doivent concourir aux cortès, et qu'ils ont élu en cette qualité messieurs N.... N.... N.... comme il résulte du procès - verbal rédigé et signé par N.... N.... qu'en conséquence ils leur donnent à tous en général, et à chacun en particulier, le pouvoir de remplir et d'acquitter les augustes fonctions de leur charge, de régler et statuer avec les autres députés aux cortès, comme représentant la nation espagnole, tout ce qu'ils croiront convenable pour le bien général, en usant des pouvoirs que la constitution détermine, et dans les limites qu'elle prescrit, sans avoir la faculté de déroger, altérer ou changer en aucune manière aucun de ses articles sous aucun prétexte ; qu'ils s'obligent pour eux - mêmes et au nom de tous les habitans de cette province, en vertu des pouvoirs qui leur sont accordés comme électeurs nommés par cet acte, à tenir pour valable et à se soumettre à tout ce qu'ils statueront comme députés aux cortès, et à ce qu'ils décideront conformément à la constitution politique de la monarchie espagnole. C'est ce qu'ils ont exprimé et accordé en présence des témoins N.... N.... et en foi de quoi ils ont tous signé.

101. Le président, les scrutateurs et le secrétaire remettront sans retard à la députation permanente des cortès, une copie signée par eux, du procès-verbal des élections; et lorsque les dites élections seront rendues publiques par la voie de l'impression, il en sera envoyé un exemplaire dans chaque commune de la province.

102. Il sera donné aux députés par leurs provinces respectives, un traitement journalier fixé par les cortès, qui détermineront durant la seconde année de leur session, la somme qui devra être allouée aux membres de la section suivante. Il sera alloué en outre aux députés d'outre-mer, la somme qui paraîtra nécessaire d'après le jugement de leurs provinces respectives, pour les frais de voyage, allée et retour.

103. On observera dans les juntes électorales de province tout ce qui est prescrit dans les articles 55, 56, 57, et 58, à l'exception de ce qui est réglé par l'article 328.

CHAPITRE VI.

De la tenue des Cortès.

104. Les cortès se réuniront tous les ans dans la capitale du royaume, dans l'édifice destiné à ce seul usage.

105. Quand elles jugeront convenable de se transférer en un autre endroit, elles le pourront faire, pourvu que cet endroit ne soit pas éloigné de la capitale de plus de douze lieues, et que les deux tiers de la députation présente soient d'accord sur le déplacement.

106. Les sessions des cortès de chaque année dureront au plus trois mois consécutifs, à commencer du premier mars.

107. Les cortès pourront prolonger leurs séssions au plus pour un autre mois, et dans deux cas seulement, 1° sur une demande du roi; 2° si les cortès sont jugées nécessaires par une résolution des deux tiers des députés.

108. Les députés se renouvelleront en totalité tous les deux ans.

109. Si la guerre ou l'occupation de quelque partie du

territoire de la monarchie par l'ennemi, empêchaient que tous ou quelques députés d'une ou de plusieurs provinces ne pussent se présenter à temps : les absens seront remplacés par les députés précédens des provinces respectives, en tirant au sort entre eux jusqu'à ce que le nombre soit complet.

110. Les députés ne pourront être réélus qu'après l'intervalle d'une autre députation.

111. Lorsque les députés seront arrivés à la capitale, ils se présenteront à la députation permanente des Cortès, laquelle fera porter leurs noms et celui de la province qui les aura élus, sur un registre dans le secrétariat des Cortès.

112. L'année où les députés seront renouvelés, la première junte préparatoire se tiendra le 15 février, à portes ouvertes. Les fonctions de président seront remplies par le président de la députation permanente : le secrétaire et les scrutateurs seront également choisis parmi les membres restans de cette même députation.

113. Dans cette première junte, tous les députés présenteront leurs pouvoirs, et l'on nommera, à la pluralité des voix, deux commissions, une de cinq membres pour examiner les pouvoirs de tous les députés, et une autre de trois pour examiner ceux de la commission des cinq.

114. Le 20 du même mois de février, se tiendra également, a portes ouvertes, la seconde junte préparatoire, dans laquelle les deux commissions rendront compte de la légitimité des pouvoirs, en mettant sous les yeux les copies des procès-verbaux des élections provinciales.

115. Dans cette junte et dans les autres qui seront jugées nécessaires jusqu'au vingt-cinq, il sera prononcé définitivement et à la pluralité des voix, sur les doutes élevés relativement à la légitimité des pouvoirs et à la qualité des députés.

116. Dans l'année qui suivra celle du renouvellement des députés, la première junte préparatoire se tiendra le 20 de février, et l'on tiendra jusqu'au 25 toutes celles qui seront jugées nécessaires pour décider, d'après le mode et la forme prescrite dans les trois articles précédens, sur la légitimité des pouvoirs des députés qui se seront présentés de nouveau.

117. Tous les ans, le 25 février, sera tenue la der-

2

nière junte préparatoire, dans laquelle tous les députés mettant la main sur les saints Évangiles, prêteront le serment suivant : « Jurez-vous de défendre et de con- « server la religion catholique, apostolique, romaine, sans « en admettre aucune autre dans le royaume ? R. Oui, je le « jure. — Jurez-vous de garder et de faire garder religieu- « sement la constitution politique de la monarchie espa- « gnole sanctionnée par les cortès générales et extraordi- « naires de la nation, en l'an 1812 ? R. Oui, je le jure.—Jurez « vous de vous comporter bien et fidèlement dans la charge « que la nation vous a confiée, et d'avoir en tout pour objet « le bien et la prospérité de la nation ? Oui, je le jure. « Si vous le faites ainsi, Dieu vous en récompensera, et « si non, il vous en demandera compte. »

118. Ensuite on procédera à élire parmi les mêmes dé- putés, par scrutin secret, et à la pluralité absolue des voix, un président, un vice-président et quatre secrétaires, après quoi les cortès seront regardées comme constituées et formées, et la députation permanente cessera toutes ses fonctions.

119. Il sera nommé le même jour une députation com- posée de 22 membres et de deux en sus, pris parmi les secrétaires, pour annoncer au roi que les Cortès se trouvent constituées, et lui faire connaître le président qu'elles ont élu. Le roi déclarera s'il veut assister à l'ouverture des Cortès qui se tiendront le premier mars.

120. Si le roi se trouvait absent de la capitale, ladite communication lui sera faite par écrit, et le roi répondra de la même manière.

121. Le roi assistera en personne à l'ouverture des Cor- tès ; s'il y avait empêchement, le président lui fera con- naître le jour indiqué, sans que, pour aucune raison, cette ouverture puisse être renvoyée à un autre jour. Les mêmes formalités seront observées pour l'acte de clôture des Cortès.

122. Le roi entrera sans gardes dans la salle des Cortès : il sera seulement accompagné des personnes désignées par le cérémonial pour sa réception et pour sa sortie, ainsi qu'il sera prescrit dans le règlement intérieur des Cortès.

123. Le roi fera un discours, dans lequel il propo- sera aux Cortès ce qu'il croira convenable, et le président

répliquera en termes généraux. Si le roi ne se présente pas, il enverra son discours au président pour être lu dans les Cortès.

124. Les Cortès ne pourront délibérer en présence du roi.

124 Toutes les fois que les ministre viendront faire aux Cortès quelques poposition au nom du Roi, ils assisteront aux discussions dans le temps et dans les formes qui seront déterminées ; les ministres pourront porter la parole, mais ils ne pourront être présents lorsque l'on votera.

126. Les séances des Cortès seront publiques, et il ne pourra être tenu une séance secrète que dans le cas où une circonstanceparticulière l'exigerait.

127. On observera dans les discussions des Cortès, et dans toute autre chose relative à leur gouvernement et à l'ordre intérieur, le réglement fait par ces Cortès générales et extraordinaires, sans préjudice aux changemens que les Cortès suivantes pourront juger convenable d'y faire.

128. Les députés seront inviolables pour leurs opinions, et ne pourront être repris ou cités (*reconvenidos*) en aucun temps ni en aucun cas, ni par quelque autorité que ce soit. Dans les causes criminelles qui s'intenteraient contre eux, ils ne pourront être jugés que par le tribunal des Cortès, et d'après le mode et la forme prescrite dans le réglement de leur régime intérieur. Pendant les séance des Cortès et un mois après, les députés ne pourront être cités ni exécutés pour dettes.

129. Les députés ne pourront, durant le temps de leur députation, à dater de l'époque où leur nomination est constatée dans ladéputation des Cortès permanente, accepter pour eux-mêmes, ni solliciter pour d'autres un emploi quelconque àla nomination du roi, ni aucun avancement, à moins que ce ne soit pour parvenir à un grade auquel leur rang d'ancienneté leur donne droit dans la carrière qu'ils parcourent.

130. De même ils ne pourront durant le temps de leur députation, et une année après le dernier acte de leurs fonctions, obtenir pour eux ou solliciter pour d'autres, une pension ou décoration quelconque, qu'it soit à la no minationdu roi.

CHAPITRE VII.

Des pouvoirs attribués aux cortès.

131. Les pouvoirs attribués aux cortès sont :

1º. De proposer et décréter les lois, de les interpréter et d'y déroger dans le cas où il serait nécessaire.

2º. De recevoir le serment du roi, du prince des Asturies et de la régence, ainsi qu'il est prescrit en son lieu.

3º. De résoudre toute difficulté de fait ou de droit qui peut se rencontrer dans l'ordre de successibilité à la couronne.

4º. D'élire la régence ou le régent du royaume dans les cas prévus par la constitution, et de fixer les limites dans lesquelles la régence ou le régent devront exercer l'autorité royale.

5º. De reconnaître publiquement le prince des Asturies.

6º. De nommer le tuteur du roi mineur, dans le cas prévu par la constitution.

7º. D'approuver, avant leur ratification, les traités d'alliance offensive, ceux de subsides, et les traités spéciaux de commerce.

8º. De permettre ou d'empêcher l'admission des troupes étrangères dans le royaume.

9º. De décréter la création et la suppression des charges dans les tribunaux que la constitution établira, ainsi que la création et la suppression des emplois plublics.

10º. De fixer tous les ans, sur la proposition du roi, les forces de terre et de mer; en déterminant celles qui doivent être tenues sur pied en temps de paix, et leur augmentation en temps de guerre.

11º. De donner des réglemens à l'armée, à la marine et à la milice nationale dans toutes les parties qui les constituent.

12º. De fixer les dépenses de l'administration publique.

13º. D'établir annuellement les contributions et impôts.

14º. De lever par voie d'emprunt, en cas de nécessité, des capitaux sur le crédit de la nation.

15º. D'approuver la répartition des contributions entre les provinces.

16º. D'examiner et approuver les comptes de l'emploi des deniers publics.

17º. D'établir les douanes et tarifs des droits.

18º. De faire les réglemens convenables pour l'administration, la conservation et l'aliénation des biens nationaux.

19º. Déterminer la valeur, le poids, le titre et la dénomination des monnaies.

20º. D'adopter le système de poids et mesures, qui paraîtra le plus juste et le plus convenable.

21º. De provoquer et encourager tout genre d'industrie; et d'écarter les obstacles qui en arrêtent les progrès.

22º. D'établir le plan général de l'enseignement public dans toute la monarchie, et d'approuver celui qui lui sera présenté pour l'éducation du prince des Asturies.

23º. D'approuver les réglemens généraux de police, dans le royaume.

24º. De protéger la liberté politique de la presse.

25º. De réaliser la responsabilité des ministres, et autres fonctionnaires publics.

26º. Enfin, il appartient aux cortès de donner ou de refuser leur consentement dans tous les cas et actes où la constitution en prescrit la nécessité.

CHAPITRE VIII.

De la formation des lois et de la sanction royale.

132. Tout député a la faculté de proposer aux cortès des projets de loi, en le faisant par écrit, et en exposant les motifs sur lesquels ils sont fondés.

133. Deux jours au moins après qu'un projet de loi aura été présenté et lu, il sera lu pour la seconde fois, et les cortès délibéreront s'il sera admis ou non à la discussion.

134. S'il est admis à la discussion, et que l'importance de l'objet exige, au jugement des cortès, qu'il soit préalablement renvoyé à une commission, le renvoi aura lieu.

135. Quatre jours au plus tard après que le projet aura été admis à la discussion, on le lira une troisième fois, et alors on pourra indiquer le jour où la discussion sera ouverte.

136. Le jour fixé pour la discussion étant arrivé, elle aura lieu pour la totalité, et pour chacun des articles du projet.

137. Les cortès décideront si la matière est suffisamment discutée, et, après avoir décidé pour l'affirmatif, on prononcera s'il y a lieu ou non à recueillir les voix.

138. Dans le cas où il sera décidé de voter, on y procédera sur-le-champ, en admettant ou rejetant, en tout ou en partie, le projet, ou en le changeant et modifiant suivant les observations qui auront été faites pendant la discussion.

139. On votera à la pluralité absolue des voix, et pour y procéder, il faudra qu'il se trouve présens au moins, la moitié, plus un, de la totalité des députés qui doivent composer les cortès.

140. Si les cortès rejètent un projet de loi, quelqu'en ait été la discussion, ou s'ils décrètent qu'on ne doit pas recueillir les voix, il ne pourra plus être proposé dans la même année.

141. Lorsqu'il aura été adopté, il sera rédigé double sous la forme de loi, et lu dans les cortès, après quoi les deux originaux, étant signés par le président et deux secrétaires, seront présentés immédiatement au roi par une députation.

142. Au roi appartient la sanction des lois.

143. Le roi donne la sanction par la formule suivante, signée de sa main : *soit publié comme loi.*

144. Le roi refuse sa sanction par la formule suivante, également signée de sa main : *soit renvoyé aux cortès ;* en y joignant en même temps un exposé des raisons qu'il a eues pour refuser.

145. Le roi aura trente jours pour user de cette prérogative. Si dans cet intervalle il n'a pas donné ou refusé sa sanction, il sera entendu par cet acte qu'il l'a donnée, et il l'a donnera en effet.

146. La sanction ayant été donnée ou refusée par le roi, un des deux originaux, avec la formule prescrite, retournera aux cortès pour leur en être rendu compte. Cet original sera déposé dans les archives des cortès, et le double restera au roi.

147. Si le roi refuse sa sanction, le même objet ne

sera plus discuté dans les cortès dans la même année ;
cependant il pourra l'être l'année suivante.

148. Si le même projet est de nouveau proposé, admis
et approuvé dans les cortès de l'année suivante, le roi
pourra, lorsqu'il lui aura été présenté, donner sa sanction
ou la refuser une seconde fois dans les termes des articles 143, 144, et, dans le dernier cas, il ne sera plus
traité du même objet dans cette année.

149. Si le même projet est de nouveau, et pour la troisième fois, proposé, admis et approuvé dans les cortès de
l'année suivante, il sera entendu, par cela même, que le roi
y donne sa sanction ; et lorsqu'il aura été présenté, il la
donnera par le fait, au moyen de la formule exprimée dans
l'art. 143.

150. Si avant l'expiration du terme de trente jours, dans
lequel le roi doit donner ou refuser sa sanction, le jour où
les cortès doivent terminer leur session arrivait, le roi la
donnera ou refusera dans les huit premiers jours de la session des cortès suivantes ; et si ce terme passe sans qu'il l'ai-
donnée, il sera par cela même entendu qu'il l'a donnée, et
il la donnera par le fait. Mais si le roi refusait de sanctiont-
ner, les cortès pourront s'occuper de nouveau du même
sujet.

151. Encore qu'il se passe une ou plusieurs années après
que le roi aura donné ou refusé sa sanction à un projet de
loi, sans que le même projet soit proposé, s'il vient à être
reproduit dans le temps de la même députation qui l'avait
adopté pour la première fois, ou dans une des deux députations qui la suivront immédiatement, il sera toujours
sensé être le même projet relativement aux effets de la sanction, dont parlent les trois articles précédens ; mais s'il n'est
reproduit pendant la durée des trois députations mentionnées, dût-il même être ensuite reproduit dans les mêmes
bornes, il sera regardé, quant aux effets mentionnés, comme
un nouveau projet.

152. Si la seconde ou troisième fois que le projet est
proposé dans le terme que fixe l'article précédent, il a été
rejeté par les cortès, il sera regardé comme un nouveau projet en quelque temps qu'il se reproduise par la suite.

153. Les lois sont abrogées avec les mêmes formalités et
par les mêmes voies qu'elles sont établies.

CHAPITRE IX.

De la promulgation des lois.

154. La loi ayant été publiée dans les cortès, il en sera donné avis au roi, pour qu'il soit procédé de suite à sa promulgation solennelle.

155. Le roi, pour promulguer les lois, se servira de la formule suivante : « N., (le nom du roi) par la grâce de Dieu
» et par la constitution de la monarchie espagnole, roi des
» Espagnes, à tous ceux qui les présentes verront et enten-
» dront, faisons savoir, que les cortès ont décrété, et nous
» sanctionnons la suivante loi (ici le texte littéral de la loi),
» ordonnons donc à tous les tribunaux, cours de justice,
» chefs, gouverneurs et autres autorités civiles, mi-
» litaires et ecclésiastiques, de quelque classe et dignité
» qu'elles soient, qu'elles aient à garder et faire garder, ac-
» complir et exécuter la présente loi dans toutes ses parties.
» Vous prendrez les mesures convenables pour qu'elle soit
» exécutée, et ferez les dispositions nécessaires pour qu'elle
» soit imprimée, rendue publique et communiquée à qui
» de droit» (Elle est adressée au ministre qu'elle concerne)·

156. Toutes les lois seront envoyées par lettres circulaires, au nom du roi par les ministres respectifs de chaque département, directement à tous et chacun des tribunaux suprêmes et des provinces, et aux autres chefs et autorités rieures, qui les transmettront aux subalternes.

CHPITRE X.

De la députation permanente des cortès.

157. Avant de se séparer ; les cortès nommeront une députation qui s'appellera députation permanente des cortès, elle sera composée de sept membres pris dans son sein, trois des provinces de l'Europe, et trois de celles d'outre-mer, le septième se tirera par le sort entre un député d'Europe et un d'outre-mer.

158. Les cortès nommeront en même temps deux suppléans pour cette députation, un d'Europe et un d'outre-mer.

159. La députation permanente durera d'une assemblée des cortès à l'autre.

160. Les pouvoirs attribués à cette députation sont :

1º De veiller à ce que la constitution et les lois soient observées, afin de rendre compte à la prochaine assemblée des cortès des infractions qu'elle aura reconnues.

2º De convoquer les cortès extraordinaires dans les cas prescrits par la constitution.

3º De remplir les fonctions indiquées dans les articles 111 et 112.

4º De donner avis aux députés suppléans pour concourir à la place des députés primitifs; et si les députés primitifs et les suppléans d'une province venaient à manquer par une cause quelconque, de lui faire parvenir les ordres nécessaires pour qu'elle procède à une nouvelle élection.

CHAPITRE. XI.

Des cortès extraordinaires.

161. Les cortès extraordinaires seront composées des mêmes députés qui composent les cortès ordinaires durant les deux ans de leur députation.

162. La députation permanente des cortès les convoquera dans les trois cas suivans, en indiquant le jour de leur réunion.

1º. Lorsque le trône est vacant.

2º. Lorsque le roi est hors d'état de gouverner de quelque manière que ce soit, ou qu'il demande à abdiquer la couronne en faveur de son successeur, la députation permanente est autorisée, dans le premier cas, de prendre tous les moyens qu'elle juge convenables pour s'assurer de l'incapacité du roi.

3º. Lorsqu'à raison de circonstances difficiles et pour des affaires graves, le roi trouve convenable que les cortès s'assemblent, il en fera part en conséquence à la députation permanente des cortès.

163. Les cortès extraordinaires ne s'occuperont que du seul objet pour lequel elles sont convoquées.

164. Les séances de cortès extraordinaires commenceront et se termineront avec les mêmes formalités que les ordinaires.

165. La tenue des cortès extraordinaires n'empêchera pas l'élection des nouveaux députés au temps prescrit.

166. Si les cortès extraordinaires n'avaient pas terminé la session au jour indiqué pour la réunion des cortès ordinaires, les premières cesseront leurs fonctions, et les cortès ordinaires continueront l'affaire pour laquelle les cortès extraordinaires auront été convoquées.

167. La députation permanente des cortès continuera les fonctions qui lui sont indiquées dans les articles 111 et 112, dans le cas compris dans l'article précédent.

TITRE IV.
Du Roi.

CHAPITRE PREMIER.
De l'inviolabilité du Roi et de son autorité.

168. La personne du roi est sacrée et inviolable. Le roi n'est sujet à aucune responsabilité.

169. Le roi aura le titre de majesté catholique.

170. Le pouvoir de faire exécuter les lois est l'attribution exclusive du roi, et son autorité s'étend à tout ce qui a pour objet la conservation de l'ordre public dans l'intérieur et la sûreté extérieure de l'État, en se conformant à la constitution et aux lois.

171. Outre la prérogative qui appartient au roi de sanctionner et de promulguer les lois, il a principalement les attributions suivantes :

1° Il fait les décrets, réglemens et instructions qu'il croit nécessaires pour l'exécution des lois.

2° Il veille à ce que la justice soit promptement et complètement rendue dans tout le royaume.

3° Il déclare la guerre, fait et ratifie la paix, et il est tenu d'en rendre ensuite au cortès un compte motivé.

4°. Il nomme les magistrats de tous les tribunaux civils et criminels, sur la présentation qui lui en est faite par le conseil d'état.

5° Il nomme à tous les emplois civils et militaires.

6° Il nomme à tous les évêchés et à toutes les dignités et bénéfices ecclésiastiques du patronage royal, sur la présentation du conseil d'état.

7°. Il accorde des honneurs et des distinctions de toute classe, conformément aux lois.

8° Il commande les armées et les flottes, et nomme les généraux.

9° Il dispose de la force armée, et la distribue comme il le juge le plus convenable.

10° Il dirige les relations diplomatiques et commerciales avec les autres puissances, et nomme les ambassadeurs, ministres et consuls.

11° Il veille à la fabrication des monnaies, sur lesquelles il fait mettre son effigie et son nom.

12° Il décrète l'emploi des fonds destinés à chacune des branches de l'administration publique.

13°. Il fait grâce aux coupables, en se conformant aux lois.

14° Il propose aux cortès les lois ou les changemens qu'il croit convenables pour le bien de la nation, pour qu'elles en délibèrent en la forme prescrite.

15° Il admet ou rejette dans les décrets consistoriaux et les bules pontificales, d'après le consentement des cortès : dans le cas où les dispositions qu'ils contiennent seraient générales il entendra le conseil d'état dans le cas ou lesdites bules seraient relatives à des affaires particulières ou administratives : si lesdites bules contiennent des points contentieux : il les fera examiner par le tribunal supérieur de justice, afin qu'il en décide conformément aux lois.

16° Il nomme et renvoie librement les ministres.

172. L'autorité royale est soumise aux restrictions suivantes :

1° Le roi ne peut empêcher, sous aucun prétexte, la réunion des cortès aux époques et dans les circonstances prévues par la constitution, ni les suspendre, ni les dissoudre, ni en aucune manière entraver leurs séances et leurs délibérations. Ceux qui le conseilleraient ou l'aideraient dans une tentative ayant pour but des actes de cette nature, sont déclarés traîtres et seront poursuivis comme tels.

2° Le roi ne peut sortir du royaume sans le consentement des cortès ; s'il le fait, il est sensé avoir abdiqué.

3° Le roi ne peut aliéner, céder, abandonner, ni de transporter quelque manière que ce soit, à un autre l'autorité royale, ni aucune de ses prérogatives. Si, pour une cause quelconque, il veut abdiquer la couronne en faveur de son successeur immédiat, il ne peut le faire sans le consentement des cortès.

4° Le roi ne peut aliéner, céder ou échanger aucune province, ville, bourg ou village, ni aucune portion, quelque petite qu'elle puisse être, du territoire espagnol.

5° Le roi ne peut faire d'alliance offensive, ni de traité spécial de commerce avec aucune puissance étrangère, sans le consentement des cortès.

6° Il ne peut non plus s'obliger, par aucun traité, à fournir des subsides à aucune nation étrangère, sans le consentement des cortès.

7° Le roi ne peut céder ni aliéner les biens nationaux sans le consentement des cortès.

Le roi ne peut exiger par lui-même, directement ni indirectement, aucuns impôts ou contributions, ou demander des sommes sous quelque dénomination ou quelque prétexte que ce soit ; mais tout doit être décrété par les cortès.

9° Le roi ne peut accorder de privilége exclusif à aucune personne ni à aucune corporation.

10° Le roi ne peut ôter à aucun particulier, ni à aucune corporation, leur propriété, ni les troubler dans la possession, usage ou profits de ladite propriété ; et si, dans un cas quelconque, il est nécessaire, pour un objet d'utilité commune et reconnue, de prendre la propriété d'un particulier, il ne pourra le faire sans l'indemniser sur-le-champ, et sans lui en donner la valeur bien constatée par experts.

11°. Le roi ne peut priver aucun individu de sa liberté, ni lui infliger aucune peine de son autorité privée. Le ministre qui signe l'ordre, et le juge qui l'exécute, sont responsables envers la nation, et punis comme coupables d'attentat contre la liberté individuelle.

Seulement, dans le cas où le bien et la sûreté de l'état exigent l'arrestation d'un individu, le roi pourra donner des ordres à cet effet ; mais à la condition que, dans les quarante-huit heures, il le fera livrer et mettre à la disposition du tribunal ou juge compétent.

12° Le roi, avant de contracter mariage, en fera part aux cortès, pour obtenir leur consentement ; et s'il ne le fait pas, il est sensé abdiquer la couronne.

Le roi, à son avènement au trône, et s'il est mineur quand il viendra à gouverner, prêtera serment devant les cortès, conformément à la formule suivante :

« N...... (ici le nom du roi) par la grâce de Dieu et la cons-
« titution de la monarchie espagnole, roi des Espagnes, je
« jure par Dieu et les saints Évangiles de défendre et de
« conserver la religion catholique, apostolique et romaine,
« sans en permettre aucune autre dans le royaume ; de
« de garder et faire garder la constitution et les lois de la
« monarchie espagnole, ne considérant, en tout ce que je
« ferai, que son bien et son avantage ; de n'aliéner, céder
« ni démembrer aucune portion du royaume ; de ne jamais
« exiger aucuns revenus, deniers, ni autre chose que ce
« qui aura été décrété par les cortès ; de ne jamais dépouil-
« ler personne de sa propriété ; de respecter sur-tout la
« liberté politique de la nation et la liberté individuelle.
« Et si j'agis d'une manière contraire à ce que j'ai juré,
« soit en tout, soit en partie, non seulement je ne dois
« pas être obéi ; mais encore toutes les dispositions contraires
« à ce serment, seront nulles et de nul effet. Sur quoi
« Dieu m'ait en aide sinon qu'il m'en fasse rendre compte. »

CHAPITRE II.

De la succession à la couronne.

174. Le royaume des Espagnes est indivisible, et dès la promulgation de la constitution il sera transmis au trône par une succcession perpétuelle, dans l'ordre régulier de primogéniture, et de représentation, entre les descendans légitimes, hommes et femmes des lignes qui seront dé-erminées.

175. Ne peuvent être roi des Espagnes que les enfans nés d'un mariage constant et légitime.

176. Dans un même degré et une même ligue, les mâles seront préférés aux femmes, et toujours l'aîné aux cadets. Cependant les femmes d'une ligne ou d'un degré plus direct, quoique dans la même ligne, seront préférées aux mâles de ligne ou de degré moins direct.

177. Le fils ou la fille du premier-né du roi, dans le cas ou son père viendrait à mourir sans avoir succédé à la

couronne, est préféré aux oncles, et succède immédiatement à son grand-père par droit de représentation.

178. La ligne inférieure ne peut entrer en succession aussi long-temps que la ligne qui jouit de la succession n'est pas éteinte.

179. Le roi des Espagnes est le Sr. D. Ferdinand VII de Bourbon, qui règne actuellement.

180. Au défaut du Sr. D. Ferdinand VII de Bourbon, succèderont ses descendans légitimes, mâles et femelles. Au défaut de ceux - ci succéderont les frères et oncles germains de son père, soit mâles ou femelles, ainsi que les enfans légitimes de ceux-ci dans l'ordre déterminé, observant toujours le droit de représentation et la préférence pour les lignes directes sur les indirectes.

181. Les cortès doivent exclure de la succession l'individu ou les individus incapables de gouverner, ou qui ont commis un acte par lequel ils méritent de perdre la couronne.

182. Dans le cas où toutes les lignes dont il a été parlé viendraient à s'éteindre, les cortès appelleront une autre famille à la couronne, dans l'intérêt de la nation, et on se conformera toujours à l'ordre et aux règles de successions établies par l'acte constitutionnel.

183. Lorsque la couronne doit échoir immédiatement, ou est échue à une femme, celle - ci ne pourra choisir un mari sans le consentement des cortès, et si elle agissait autrement, il est entendu qu'elle a abdiqué la couronne.

184. Dans le cas où une femme viendrait à régner, son mari n'aura aucune autorité dans les affaires du royaume, ni aucune part dans le gouvernement.

CHAPITRE III.

De la Minorité du Roi et de la Régence.

185. Le roi est mineur jusqu'à dix-huit ans accomplis.

186. Pendant la minorité du roi, le royaume sera gouverné par une régence.

187. Il en sera de même quand le roi, par quelque cause physique ou morale, se trouvera dans l'incapacité d'exercer son autorité.

188. Si l'incapacité du roi excède le terme de deu années, et que le successeur immédiat soit majeur

de dix-huit ans, les cortès pourront le nommer régent du royaume, au lieu de la régence.

189. Dans le cas où le trône viendrait à vaquer, et que le prince des Asturies fût mineur, si les cortès ordinaires n'étaient pas assemblées, il y aura, jusqu'à ce que les cortès extraordinaires se réunissent, une régence provisoire, composée de la reine-mère, si elle existe, de deux membres de la députation permanente des cortès; les plus anciens, suivant l'ordre de leur élection dans la députation, et de deux conseillers d'état, les plus anciens; savoir, le doyen et le plus ancien après. S'il n'y a pas de reine-mère, le troisième conseiller d'état, par rang d'ancienneté, sera membre de la régence.

190. La régence provisoire sera présidée par la reine-mère, si elle existe, et à son défaut, par le membre de la députation permanente des cortès, qui sera le plus ancien par son rang d'élection à cette députation.

191. La régence provisoire n'expédiera que les affaires qui ne souffrent pas de délai, et ne destituera et ne nommera aucun fonctionnaire public, si ce n'est par *intérim*.

192. Les cortès extraordinaires étant réunies nommeront une régence composée de trois ou de cinq personnes.

192 Pour pouvoir être membre de la régence, il faut être citoyen jouissant de l'exercice de ses droits. Les étrangers en sont exclus, lors même qu'ils auraient obtenu des lettres de citoyen.

194. La régence sera présidée par celui de ses membres que les cortès désigneront. Aux cortès appartiendra de déterminer, en cas que cela soit nécessaire, si les membres de la régence devront présider tour-à-tour et suivant quel mode.

195. La régence exercera l'autorité royale avec les restrictions que les cortès détermineront.

196. L'une et l'autre régence prêteront serment suivant la formule prescrite en l'article 173, en y ajoutant la clause d'être fidèles au roi; et la régence permanente y ajoutera en outre celle d'observer les conditions qui lui auront été imposées par les cortès, pour l'exercice de son autorité; et, qu'aussitôt que le roi sera devenu majeur, ou que l'empêchement aura cessé, de lui remettre le gouvernement du royaume, sous peine, pour ses membres,

s'ils différaient un moment de le faire, d'être poursuivis et punis comme traîtres.

197. Tous les actes de la régence seront publiés au nom du roi.

198. La tutelle du roi mineur appartiendra à la personne que le feu roi aura nommée par son testament. S'il n'y a pas pourvu, sera tutrice la reine mère, tant qu'elle restera veuve. A son défaut, le tuteur sera nommé par les cortès; dans le premier et le troisième cas, le tuteur devra être naturel du royaume.

191. La régence veillera à ce que l'éducation du roi mineur soit la plus convenable au grand objet de sa haute dignité, et qu'elle soit conforme au plan approuvé par les cortès.

200. Les cortès détermineront le traitement dont jouiront les membres de la régence.

CHAPITRE IV.

De la Famille royale et de la Reconnaissance du prince des Asturies.

201. Le fils aîné du roi portera le titre de prince des Asturies.

202. Les autres fils et filles du roi seront infantes des Espagnes, et en porteront le titre.

203. Seront pareillement infantes des Espagnes les fils et les filles du prince des Asturies.

204. A ces personnes appartiendra exclusivement la qualité d'infantes des Espagnes, sans qu'elle puisse s'étendre à d'autres.

205. Les infantes des Espagnes jouiront des distinctions et des honneurs dont ils ont joui jusqu'à ce jour, et pourront être nommés à toute espèce de fonctions, excepté les fonctions judiciaires et ne pourront être membres des cortès.

206. Le prince des Asturies ne pourra sortir du royaume sans le consentement des cortès; s'il en sort sans l'avoir obtenu, il sera par cela même exclu de la succession à la couronne.

207. Il en sera de même s'il reste hors du royaume au-delà du temps limité par le consentement des cortès, et si, requis de revenir, il n'a pas obtempéré à la sommation dans le délai prescrit par les cortès.

208. Le prince des Asturies, les infans et infantes des Espagnes, leurs fils et descendans qui seront sujets du roi, ne pourront se marier sans le consentement du roi et des cortès, sous peine de perdre leur droit de succession à la couronne.

209. Une copie authentique dès actes de naissance, de mariage et de mort de toutes les personnes de la famille royale sera remise aux cortès, et, à leur défaut, à la députation permanente, pour être déposée dans leurs archives.

210. Le prince des Asturies sera reconnu par les cortès, avec les formalités déterminées par le réglement de leur gouvernement intérieur.

211. Cette reconnaissance sera faite par les premières cortès qui s'assembleront après sa naissance.

212. Le prince des Asturies, lorsqu'il aura atteint l'âge de quatorze ans, prêtera serment devant les cortès dans la forme suivante : « N.... (le nom du prince) prince des « Asturies, je jure, par Dieu et les saints Évangiles, de dé- « fendre et de conserver la religion catholique, apostolique « et romaine, sans en permettre aucune autre dans le « royaume, d'observer la constitution de la monarchie es- « pagnole, et d'être fidèle et obéissant au roi. Sur ce, Dieu « me soit en aide. »

CHAPITRE. V

De la dotation de la famille royale.

213. Les cortès fixeront pour le roi la dotation annuelle de sa maison, d'une manière qui soit analogue à la haute dignité de sa personne.

214. Appartiennent au roi tous les palais royaux dont ont joui ses prédécesseurs, et les cortès fixeront les terrains qu'ils croiront à propos de réserver pour les plaisirs de sa personne.

215. Pour l'entretien du prince des Asturies, à compter du jour de sa naissance, et pour celui des infans et infantes, lorsqu'ils auront atteint l'âge de sept ans, les cortès détermineront des sommes annuelles proportionnées à leur dignités respectives.

216. Lorsque les infantes se marieront, les cortès leur fixeront la somme qu'elles jugeront convenable, à titre de dot et cette dot payée, la pension annuelle cessera.

217 Si les infans se marient dans les Espagne, leurs pensions alimentaires continueront de leur être payées; mais s'ils se marient et vont résider ailleurs, ces pensions cesseront d'avoir lieu, et il leur sera, une fois seulement, payé telle somme que les cortès aviseront.

218. Les cortès fixeront la pension alimentaires dont devra jouir la reine douairière.

219. Le traitement des membres de la régence sera pris sur la dotation fixée pour la maison du roi.

220. La dotation de la maison du roi et les pensions alimentaires de sa famille, dont il est parlé aux articles précédens, seront fixés par les cortès, au commencement de chaque règne, sans que dans le courant du même règne il puisse y être fait de changement.

221. Toutes ces sommes seront à la charge de la trésorerie nationale, qui les versera entre les mains de l'administrateur nommé par le roi, au nom duquel administrateur seront traitées toutes les actions actives et passives, qui pourront avoir lieu pour raison d'intérêts.

CHAPITRE. VI

Des ministres (secretarios de estado y del despacho.)

222. Les ministres seront au nombre de sept; savoir :
Le ministre d'état, et des affaires étrangères ;
Le ministre de l'intérieur (*de la gobernacion*), pour la péninsule et les îles adjacentes ;
Le ministre de l'intérieur pour les pays d'outre-mer ,
Le ministre de grâce et de justice ;
Le ministre des finances ;
Le ministre de la guerre ;
Le ministre de la marine.
Quant à ce qui est relatif à l'organisation des ministres, les cortès successives pourront y faire les changemens que l'expérience et les circonstances exigeront.

223. On ne peut être ministre sans être citoyen en exercice de ses droits. Les étrangers, lors même qu'ils auraient reçu des lettres de citoyen, sont exclus de cette fonction.

224. Un règlement particulier approuvé par les cortès, déterminera les affaires qui entreront dans le département de chaque ministre.

225. Tous les ordres du roi devront être signés par le

ministre dans les attributions duquel se trouvera l'affaire dont il sera question. Aucun tribunal, aucun officier public n'exécutera ou ne fera exécuter l'ordre qui ne serait pas revêtu de cette formalité.

226. Les ministres seront responsables aux cortès des ordres contraires à la constitution et aux lois, sans qu'ils puissent s'excuser sur le commandement du roi en vertu duquel ils les auraient signés.

227. Les ministres formeront le budget des dépenses du gouvernement, chacun dans son département respectif, et rendront compte de l'emploi des sommes allouées, de la manière qui sera déterminée.

228. Lorsque les cortès croiront que les circonstances exigent que la responsabilité d'un ministre soit réalisée, ils décréteront avant tout s'il y a lieu ou non à accusation.

226. Le décret d'accusation étant rendu, les cortès remettront à la cour suprême de justice toutes les pièces relatives au procès qui devra s'instruire dans ladite cour, qui l'examinera et prononcera conformément aux lois.

230. Les cortès fixeront le traitement que les ministres doivent recevoir pendant l'exercice de leur charge.

CHAPITRE VII.
Du conseil d'état.

231. Il y aura un conseil d'état, composé de 40 membres, citoyens exerçant leurs droits : les étrangers même ceux qui auraient reçu des lettres de citoyen en seront exclus.

232. Il sera exactement composé ainsi qu'il suit : quatre ecclésiastiques seulement (*y no mas*), recommandables et bien connus par leur mérite et leurs lumières (*de conocida y probata ilustracion y merecimiento*), dont deux évêques: quatre grands d'Espagne, seulement (*y nomas*), doués de vertus, de talens et de connaissances requises (*adornados de las virtudes, talento y conocimientos necesarios*); les autres membres seront pris parmi les sujets qui se seront distingués par leurs talens et leurs connaissances, et par les services signalés qu'ils auront rendus à l'état ou dans quelques-unes des principales branches de l'administration. Les cortès ne pourront proposer pour ces places aucun individu membre des cortès, au moment de l'élection. Sur les membres du conseil d'état, douze, au moins, seront des provinces d'outre-mer.

233. Tous les membres du conseil d'état seront nommés par le roi, sur la présentation des cortès.

234. Pour la formation de ce conseil, les cortès feront une liste triple, de sujets de toutes les classes susdites, dans la proportion déterminée; le roi y choisira les quarante membres qui doivent composer le conseil d'état, en prenant les ecclésiastiques dans leur classe, les grands dans la leur; et ainsi de suite.

235. Lorsqu'il surviendra une vacance au conseil d'état, les premières cortès qui auront lieu présenteront au roi trois personnes de la classe respective, afin qu'il élise celle qu'il voudra.

236. Le conseil d'état est le seul conseil du roi, qu prendra son avis dans les affaires importantes, spécialement lorsqu'il s'agira de donner ou de refuser à une loi la sanction royale, de déclarer la guerre et de faire les traités.

237. A ce conseil appartiendra de présenter, par listes triples, des sujets pour les bénéfices ecclésiastiques, et pour les provisions des places de magistrature.

238. Le roi dressera un réglement pour la police du conseil d'état, après avoir préalablement entendu ledit conseil; et ce réglement sera soumis à l'approbation des cortès.

239. Les conseillers d'état ne pourront être destitués sans avoir été jugés par le tribunal cour suprême de justice.

240. Les cortès fixeront le traitement dont doivent jouir les conseillers d'état.

241. Les conseillers d'état, en prenant possession de leurs places, jureront entre les mains du roi d'observer la constitution, d'être fidèles au roi et de ne lui conseiller que ce qu'ils croiront utile au bien de la nation, sans avoir égard aux individus ni aux intérêts particuliers.

TITRE V.

Des Tribunaux et de l'Administration de la justice civile et criminelle.

CHAPITRE PREMIER.

Des tribunaux.

242. Le pouvoir d'appliquer les lois dans les causes civiles et criminelles appartient exclusivement aux tribunaux.

243. Les cortès, ni le roi ne pourront en aucun cas, exercer les fonctions judiciaires, évoquer une cause pendante, ni remettre en cause un procès jugé.

244. Les lois prescriront l'ordre et la forme des procédures, qui seront uniformes dans tous les tribunaux, et dont les cortès ni le roi ne pourront dispenser.

245. Les tribunaux ne pourront exercer d'autres fonctions que celle de juger et de disposer les choses pour que le jugement soit exécuté.

246. Ils ne pourront suspendre l'exécution des lois, ni faire aucun réglement pour l'administration de la justice.

247. Aucun Espagnol ne pourra être jugé dans les causes civiles et criminelles par aucune commission, mais seulement par le tribunal compétent assigné antérieurement par la loi.

248. Il n'y aura dans les affaires ordinaires, civiles et criminelles, qu'une seule juridiction pour toutes les classes de personnes.

249. Les ecclésiastiques continueront à jouir de la juridiction de leur état, d'après les termes prescrits par les lois, et d'après ceux qu'elles prescriront par la suite.

250. Les militaires jouiront aussi d'une juridiction particulière, d'après les termes portés par l'ordonnance ou ceux qu'elle portera par la suite.

251. Pour être nommé magistrat ou juge, il faut être né sur le territoire espagnol et avoir vingt-cinq ans révolus. Les autres qualités nécessaires pour remplir l'une ou l'autre de ces conditions seront déterminées par la loi.

252. Les magistrats et les juges ne pourront être destitués de leurs charges, soit temporaires, soit à vie, sinon pour une cause légalement prouvée et jugée : ils ne pourront être suspendus que par une accusation légalement intentée.

253. S'il est porté des plaintes au roi contre un magistrat, et si, après avoir formé une enquête (*expediente*), ces plaintes paraissent fondées, le roi ayant entendu son conseil d'état, pourra suspendre ce magistrat, en transmettant immédiatement l'enquête au tribunal suprême de justice, afin que celui-ci juge conformément aux lois.

254. Les juges sont responsables personnellement de

toutes les fautes qu'ils commettront dans l'observance des lois qui déterminent la procédure dans le civil et dans le criminel.

255. Le subornement, la corruption et la prévarication des magistrats et des juges produisent une action populaire contre les individus qui s'en rendent coupables.

256. Les cortès assigneront aux magistrats et aux juges lettrés (*de letras*) un traitement convenable.

257. La justice sera administrée au nom du roi, et les arrêts et les ordres des tribunaux supérieurs seront enregistrés en son nom.

258. Le code civil et criminel, ainsi que le code de commerce, seront les mêmes pour toute la monarchie, sauf les modifications qui pourront y être apportées par les cortès, selon les circonstances.

259. Il y aura dans la capitale du royaume un tribunal suprême de justice.

260. Les cortès fixeront le nombre de magistrats et de chambres dont il doit être composé.

261. Il appartient à ce tribunal suprême :

1º De régler les attributions respectives des audiences sur tout le territoire espagnol, celles des audiences et des tribunaux spéciaux, qui existent dans la péninsule et les îles adjacentes. La compétence respective des audiences et des tribunaux d'outre-mer sera déterminée par les lois.

2º De juger les ministres, lorsque les cortès décrèteront qu'il y a lieu de les mettre en jugement.

3º De connaître les causes de destitution et de suspension des conseillers d'état, et des juges des cours (*audiencias*).

4º De connaître des causes criminelles des ministres, des conseillers d'état, et des juges des cours. L'instruction de ces procès appartenant au chef politique supérieur elle doit être remise par lui au tribunal suprême.

5º De connaître de toutes les causes criminelles qui seront intentées contre les individus de ce tribunal suprême. S'il arrive un cas où il soit nécessaire d'agir en vertu de la responsabilité de ce tribunal, les cortès, après avoir rempli la formalité exigée par l'article 228, nommeront à cet effet un tribunal composé de neuf juges, qui seront élus par le sort, sur une liste en nombre double.

6º De connaître la résidence de tout employé public soumis à sa juridiction d'après les lois.

7º De connaître de toutes les affaires contentieuses qui concernent le patronage du roi.

8º De connaître des appels aux infractions commises par les tribunaux ecclésiastiques supérieurs de la capitale.

9º De connaître des appels en nullité qui ont lieu contre les sentences portées en dernière instance, afin de recommencer le procès, et de rendre effective la responsabilité dont il est question dans le 254e article. Ces appels se feront aux audiences dans les pays d'outre-mer, et d'après la forme qui sera prescrite en son lieu.

10º D'écouter l'exposé de cas douteux qui lui seront présentés par les autres tribunaux sur l'obscurité de quelques lois, de consulter à ce sujet le roi, et de lui exposer les motifs qui peuvent provoquer une explication de la part des cortès.

11º D'examiner la liste des causes civiles et criminelles qui doivent être présentées par les tribunaux afin d'accélérer le cours de la justice, et de remettre, dans ce même but, une copie au gouvernement, et de la rendre publique par la voie de l'impression.

262. Les causes civiles et criminelles seront jugées en dernier ressort dans la juridiction de chaque tribunal.

263. Il appartiendra aux tribunaux supérieurs (*vudiencias*) de connaître de toutes les causes civiles de la compétence des tribunaux inférieurs, dépendant de leur ressort en seconde et troisième instance, il en sera de même pour les causes criminelles, comme le prescriront les lois. Ils prendront aussi connaissance des causes de destitution et de suspension, qui concernent les juges inférieurs de leur juridiction, de la manière que les lois le prescriront, et ils en rendront compte aux rois.

264. Les magistrats qui auront jugé en seconde instance, ne pourront pas siéger en troisième instance.

265. Il appartiendra également aux tribunaux supérieurs de connaître de la compétence entre les juges subalternes de leur juridiction.

266. Il leur appartiendra de connaître des apples contre

les infractions qui pourront être commises par les tribunaux
et autorités ecclésiastiques de leur juridiction.

267. Ils leur appartiendra aussi de recevoir de la part des
juges subalternes, de leur juridiction, des avis exacts sur les
causes intentées pour délits, et des listes les causes civiles
et criminelles, pendant dans leurs tribunaux, avec l'état
où elles se trouvent, afin que justice soit rendue promptement.

268. Il appartiendra aux tribunaux supérieurs d'outre-mer
de connaître des appels en matière de nullité; ces appels
devant être intentés aux tribunaux composés d'un assez
grand nombre de membres pour former trois chambres, devant les quelles la même cause n'ait été plaidée en
aucune instance. Lorsque ces tribunaux n'auront pas un
nombre de membres suffisans, les appels auront lieu réci-
proquement d'une audience à l'autre, dans le district du
même gouvernement supérieur. Mais dans le cas où il ne
se trouvera qu'un seul tribunal supérieur dans le même district, on aura recours à ceux des districts voisins.

269. Lorsqu'un de ces tribunaux supérieurs aura déclaré
qu'il y a lieu à prononcer la nullité, il en rendra compte
au tribunal suprême de jutsice, en donnant les motifs de
son jugement, afin que la responsabilité, dont il s'agit dans
l'article 254, puisse avoir lieu.

270. Ces tribunaux supérieurs remettront chaque année
au tribunal suprême de justice, des listes exactes des causes
civiles, et tous les six mois celles des causes criminelles,
soit qu'elles aient ait été jugées ou qu'elles soient pen-
dantes, avec l'exposé de l'état où elles se trouvent. Ils remettront pareillement celles qu'ils auront reçues des juges
inférieurs.

271. On fixera, par des lois et des réglemens particuliers, le nombre des magistrats qui devront composer ces
tribunaux, lesquels magistrats ne pourront être moins de
sept; l'organisation de ces tribunaux, ainsi que le lieu de
leur résidence, seront pareillement determinés.

282. Lorsqu'il s'agira de régler la division du territoire
espagnol, conformément à l'article 11, on aura égard au
nombre de tribunaux supérieurs a établir, et on fixera le
territoire de leur juridiction.

273. On établira des districts d'une étendue proportion-

nellement égale, et il y aura dans chaque chef-lieu un juge lettré (*juez de letras*), avec un tribunal analogue à ses fonctions.

274. Les attributions de ces juges se borneront à la partie contentieuse ; et les lois régleront celles qui appartiendront aux chefs-lieux et aux communes de ces districts, ainsi que les affaires civiles dont ils pourront connaître sans appel.

275. On établira, dans toutes les communes, des juges (*alcaldes*) dont les attributions, soit en matière contentieuse, soit en matière administrative, seront réglées par les lois.

276. Tous les juges des tribunaux inférieurs devront rendre compte, le troisième jour au plus tard, au tribunal respectif, des délits commis dans leur territoire ; ils continueront ensuite de rendre compte de l'état de ces procédures aux époques qui seront fixées par ces tribunaux supérieurs.

277. Ils enverront pareillement, tous les six mois, à ces tribunaux, les listes générales des causes civiles ; et tous les trois mois, celles des causes criminelles de leur ressort, avec l'exposition de l'état où elles se trouvent.

278. Les lois fixeront, s'il est nécessaire, l'établissement de tribunaux spéciaux pour certaines affaires.

279. Les magistrats et juges, en prenant possession de leur charge, jureront de maintenir la constitution, d'être fidèles au roi, d'observer les lois, et de rendre impartialement la justice.

CHAPITRE II.

De l'administration de la justice en matière civile.

280. On ne pourra priver aucun Espagnol du droit de terminer ses différens, par le moyen d'arbitres élus par les deux parties.

281. La sentence portée par les arbitres aura son exécution, à moins que les parties ne se soient réservé, par une convention, le droit d'appel.

282. L'alcalde remplira dans chaque commune l'office de conciliateur, et le citoyen qui poursuivra pour cause civile ou pour injures, devra, dans ce but, se présenter à lui.

283. L'alcalde, conjointement avec deux hommes de

bien, nommés chacun par l'une des parties, les écoutera s'informera, prendra connaissance des raisons qu'ils allèguent respectivement, et portera, après avoir entendu l'avis de ces deux assistans, les mesures qui lui paraîtront les plus propres à terminer le différent sans procédure, ainsi que cela aura lieu si les parties veulent se conformer à cette décision extradécisive.

284. On ne pourra intenter aucun procès sans avoir prouvé, auparavant, qu'on a eu recours aux voies de conciliation.

285. Il y aura dans toutes les causes, de quelque nature qu'elles soient, au moins trois instances et trois sentences définitives. Dans le cas d'aappel de deux sentences identiques à une troisième instance, le nombre des juges qui doivent prononcer sera plus considérable que celui qui aura prononcé dans la seconde, dans la forme qui sera prescrite par la loi. Ce sera aussi à la loi à déterminer, selon l'importance des causes, la nature et la qualité des différens jugemens, quelle doit être la sentence qui, dans l'un ou dans l'autre cas, devra être exécutoire.

CHAPITRE III.

De l'administration de la justice en matière criminelle.

286. Les lois régleront l'administration de la justice en matière criminelle de manière que la procédure soit faite avec célérité et sans vice, afin que les délits subissent un prompt châtiment.

287. Aucun Espagnol ne pourra être arrêté, sans que préalablement il soit dressé une information touchant le fait d'après lequel il mérite d'être puni par une peine corporelle, et qu'en même temps le juge ne donne un ordre par écrit, qui sera notifié à l'accusé dès l'instant de sa détention.

288. Toute personne est tenue d'obéir à cet ordre : une résistance quelconque sera considérée comme délit grave.

289. Lorsqu'il y aura lieu à craindre la résistance ou la fuite, on pourra employer la force pour s'assurer d'une personne.

290. Le détenu sera présenté au juge avant d'être conduit en prison, afin qu'il en reçoive une déclaration, à

moins qu'il ne survienne quelque empêchement ; et, dans ce cas, on le conduira en prison en qualité de détenu, et le juge recevra sa déclaration dans le terme de vingt-quatre heures.

291. La déclaration de la personne arrêtée se fera sans prêter serment, et on ne doit jamais en demander sur des faits personnels en matières criminelles.

292. Tout délinquant peut être arrêté en flagrant délit, et chacun a le droit de faire cette arrestation et de le conduire devant le juge. Après sa présentation ou sa détention, on procédera en tout ainsiqu'il est établi dans les deux articles précédens.

293. Dans le cas où il sera déterminé que la personne arrêtée doit être mise en prison, ou qu'elle y demeure en qualité de détenu, on dressera un acte motivé dont copie sera envoyée au concierge de la prison, pour qu'il l'écroue et celui-ci, dans le cas où cette formalité ne serait pas remplie, n'admettra personne en qualité de prisonnier, sous peine de la responsabilité la plus sévère.

294. La saisie des biens ne pourra avoir lieu que dans les seuls délits qui entraînent avec eux une responsabilité pécuniaire, et la quotité sera en proportion de cette ressabilité.

295. On ne conduira pas en prison la personne qui donnera une caution, dans les cas où la loi ne défend pas expressément qu'elle soit reçue.

296. En quelque état que soit le procès, s'il est démontré que le détenu ne puisse être puni d'une peine afflictive, il sera sur-le-champ mis en liberté s'il fournit caution.

297. On disposera les prisons de manière que les détenus soient en sûreté, sans être d'une manière incommode. le concierge les gardera bien, en mettant dans des lieux séparés ceux qui doivent être tenus au secret ; mais il ne es enfermera jamais dans des cachots malsains.

298. La loi déterminera le nombre des visites que l'on doit faire dans les prisons, et nul détenu, sous aucun prétexte, ne pourra se dispenser de se présenter à la visite.

299. Le juge et le concierge qui manqueront aux dispositions précédentes, seront punis comme coupables de dé-

tentions arbitraires, délit qui sera spécifié dans le code criminel.

3oo. On signifiera à l'accusé, dans l'espace de vingt-quatre heures, les motifs de sa détention, et le nom de son accusateur, s'il y en a.

3o1. Avant de prendre la déclaration de l'accusé, on lui lira, d'une voix intelligible, les documens et déclaration des témoins, ainsi que leurs noms; et s'il ne connaissait pas ces témoins, on lui donnera sur leur compte tous les renseignemens qu'ils pourront désirer.

3o2. Les procédures, à dater de ce moment, seront publiques, et dans la forme qui sera déterminée par les lois.

3o3. On n'emploiera jamais ni la violence ni la torture.

3o4. La confiscation des biens n'aura jamais lieu.

3o5. Aucune peine infligée sous quelque délit que ce soit, ne pourra sous aucun rapport, déshonorer la famille du condamné, et celui-là seul qui la mérite en éprouvera les effets.

3o6. On ne pourra violer le domicile d'aucun espagnol, si ce n'est dans les cas déterminés par la loi, et seulement pour le bon ordre et la sûreté de l'état.

3o7. Si les cortès pensent qu'il y ait lieu par la suite à établir les jugemens par jury, ils le feront dans la forme qui sera convenable.

3o8. Si dans des circonstances extraordinaires la sûreté de l'état exigeait de suspendre, dans toute la monarchie, ou seulement dans une partie, quelques-unes des formes prescrites dans ce chapitre sur l'arrestation des délinquans, les cortès pourront décréter cette suspension pour un temps déterminé.

TITRE VI.

Du Gouvernement intérieur des provinces et des communes (pueblos).

CHAPITRE PREMIER.

Des municipalités (ayuntamientos).

3o9. Il y aura pour le gouvernement intérieur des municipalités, des assemblées composées de l'alcalde ou des alcaldes, des régidors et procureurs-syndics, présidés par le premier chef politique (gefo politico) dans les lieux où il y en a, et à son défaut, par l'alcalde, ou s'il s'en trouve deux, par celui dont la nomination sera la plus ancienne.

3ıo. On établira des municipalités dans les communes et dans les villes où il est convenable qu'il en soit formé, ce qui s'exécutera nécessairement dans celles qui, par elles-mêmes ou par les habitations qui en dépendent, ont une population de mille âmes : on déterminera l'arrondissement de chacune de ces communes et de ces villes.

3ıı. Les lois fixeront le nombre d'individus de chaque classe dont les municipalités doivent se composer, dans chaque commune, et dans leurs dépendances selon la population.

3ı2. Les alcaldes, les régidors et les procureurs-syndics seront nommés par élection dans chaque commune. Les fonctions de régidors et autres fonctions qui s'exerçaient à perpétuité dans les municipalités, sous quelque titre et dénomi-nation que ce puisse être, sont abolies.

3ı3. Les citoyeus de chaque commune s'assembleront tous les ans au mois de décembre, pour élire à la pluralité des voix, en proportion de leur population, un nombre déterminé d'électeurs qui doivent résider dans le même lieu, et être en plein exercice des droits de citoyens.

3ı4. Les électeurs nommeront dans le même mois, et à la pluralité absolue des voix, l'alcalde ou les alcaldes, les régidors, le procureur ou des procureurs-syndics, qui commenceront à exercer leurs fonctions le ı^{er} janvier de l'année suivante.

3ı5. Les alcaldes seront changés tous les ans, les régidors le seront par moitié chaque année; il en sera de même pour les procureurs-syndics lorsqu'il y en aura deux; mais le changement aura lieu chaque année s'il n'y en a qu'un seul.

3ı6. Celui qui aura exercé quelqu'une de ces fonctions ne pourra être réélu à aucune d'elles, qu'après un intervalle au moins de deux années, lorsque la distribution de la population le permettra.

3ı7. Pour être alcalde, régidor ou procureur-syndic, il est exigé, outre la jouissance des droits de citoyen, la majorité de vingt-cinq ans, et une résidence de cinq années au moins dans la commune. Les autres qualités exigibles pour l'exercice de ces fonctions seront déterminées par les lois.

318. Ne pourra être alcalde, régidor, ni procureur syndic, aucune personne occupant et exerçant un emploi public, à la nomination du roi ; les citoyens qui servent dans les milices nationales ne sont pas compris dans cet article.

319. Toutes les fonctions qui viennent d'être mentionnées seront des charges municipales, dont personne ne pourra s'exempter sans cause légale.

320. Il y aura dans chaque municipalité un secrétaire, élu à la pluralité absolue des voix, et payé aux frais de la commune.

321. Les attributions des municipalités sont :

1° La police de la salubrité, et de la commodité publique ;

2° Prêter secours à l'alcalde en tout ce qui concerne la sûreté des personnes et des propriétés, et la conservation de l'ordre public ;

3° L'administration et l'emploi des revenus fixes ou extraordinaires, conformément aux lois et réglemens, à charge de nommer des dépositaires, sous la responsabilité de ceux qui les nomment ;

4° Faire la répartition et le recouvrement des contributions, et de les remettre à la trésorerie assignée pour cet objet ;

5° Surveiller les écoles primaires, et autres établissemens d'éducation, payés avec les deniers de la commune ;

6° Surveiller les hôpitaux, les hospices, les maisons des enfans trouvés, et les autres établissemens de bienfaisance, en se conformant aux réglemens qui seront arrêtés ;

7° Soigner la construction et la réparation des chemins, des chaussées, des ponts et des prisons, des bois et des plantations appartenant aux communes, et de tous les travaux publics de nécessité, d'utilité et d'ornement ;

8° Faire les ordonnances municipales de la commune, en les présentant à l'approbation des cortès, par la voie de la députation provinciale, qui en donnera son avis ;

9° D'encourager l'agriculture, l'industrie et le commerce, d'après les localités et les circonstances où se trouvent les habitans, tout ce qui pourra leur être utile.

322. Dans le cas où l'on aurait à faire des travaux, ou

autres objets d'utilité publique, et qu'à défaut de revenus
fixes, il fallût avoir recours à des contributions extraordinaires, on ne pourra lever celles-ci qu'après en avoir obtenu
la faculté des cortès, par l'entremise de la députation
provinciale. Mais dans le cas où le travail, ou l'objet auquel on destine ces contributions, fût urgent, la municipalité a la faculté de lever provisoirement ces contribu-
itons toute fois avec l'assentiment de la députation, qui le
demandera aux cortès. Ces fonds seront administrés comme
les revenus ordinaires.

3a3. Les municipalités rempliront toutes ces charges
sous l'inspection de la députation provinciale, à laquelle
elles rendront compte chaqueannée de leur recouvrement
et de leur emploi.

CHAPITRE II.

*Du gouvernement politique des provinces et de celui des
députations provinciales.*

3a4. Le gouvernement politique des provinces résidera
dans le chef supérieur (*gefe superior*) que le roi nommera
dans chacune d'elles.

3a5. Il y aura dáns chaque province une députation
nommée députatiou provinciale, présidée par le chef supérieur, et chargée de travailler à la prospérité publique.

3a6. Elle se composera dn président, de lintendant et
de sept membres élus d'après la forme qui sera indiquée ; les cortès pourront cependant, s'ils le jugent convenable, apporter par la suite un changement dans ce
nombre, surtout s'il est exigé par la nouvelle division des
provinces dont il s'agit dans l'art. 2.

3a7. La députation proviuciale se renouvellera tous
les deux aus par moitié : à cet effet le nombre le plus considérable sortira la première année, le moins fort la seconde,
et ainsi successivement.

3a8. L'élection de ces députés se fera par les électeurs
de district, le jour qui suivra celui auquel auront été
nommés les députés des cortès, en se conformant aux
règles prescrites dans l'élection de ces derniers.

3a9. On élira dans le même temps et dans la même
forme trois suppléans pour chaque députation.

33o. Il est requis, pour être membre de la députation provinciale, d'être citoyen jouissant de l'exercice de ses droits, majeur de vingt-cinq ans, naturel ou habitant résidant dans la province depuis sept ans au moins, et ayant un revenu suffisant pour exister avec décence. En sont exclus toutes les personnes qui occupent des emplois à la nomination du roi, conformément à l'article 318.

331. Personne ne pourra être élu pour la seconde fois que la quatrième année au moins après qu'il sera sorti de ses fonctions.

332. Lorsque le chef supérieur de la province ne pourra présider la députation, il sera remplacé par l'intendant, et à son défaut par celui des membres qui aura été le premier élu.

333. La députation nommera un secrétaire, avec un traitement pris sur les fonds publics de la province.

334. La députation siégera chaque année au moins pendant quatre-vingt-dix jours, assignés aux époques qui lui paraîtront les plus convenables. Les députations se réuniront dans la péninsule le premier mars, et dans les possessions d'outre-mer, le premier de juin.

335. Il appartient à ces députations,

1° De régler et d'approuver la répartiton des contributions mises sur la province ;

2° De veiller sur le bon emploi des fonds publics des communes, d'examiner les comptes, d'y donner leur approbation, avant qu'ils soient présentés à celle de l'autorité supérieure et de faire observer en tout les lois et les réglemens ;

3° D'avoir soin à ce qu'il se forme des municipalités partout où il doit y en avoir, conformément aux dispositions de l'article 310 ;

4° De proposer au gouvernement, dans le cas où il s'agirait de nouveaux travaux d'une utilité générale pour la province, ou de la réparation des anciens, les moyens d'exécution qu'elles jugent les plus convenables, et d'en solliciter la permission auprès des cortès de les exécuter.

Si l'urgence des travaux publics, dans les pays d'outre-mer, ne permettait pas d'attendre la décision des cortès, la députation pourra, avec le consentement exprès du chef de la province, employer immédiatement les fonds qu'elle jugera convenables, et en rendra compte, sans retard, au gouvernement, à l'effet de recevoir l'approbation des cortès.

5° La députation nommera, sous sa responsabilité, un caissier pour le recouvrement des fonds. Les comptes de l'emploi des fonds, et l'examen qui en sera fait par la députation, seront remis au gouvernement, pour qu'il les fasse reconnaître et vérifier, et qu'il les envoie ensuite au cortès pour recevoir leur approbation;

6° De faire part au gouvernement des abus qu'elle observera dans l'administration des deniers publics;

7° De former le sens et la statistique de la province.

8° De veiller à ce que les établissemens de philantropie et de bienséance soient administrés conformément à leur destination; de proposer au gouvernement les réglemens susceptibles de faire cesser les abus qui peuvent s'y introduire;

9° De faire connaître aux cortès les infractions à la constitution qui pourraient avoir lieu dans la province;

10° Les députations des provinces d'outre-mer veilleront sur l'administration, l'ordre et les progrès des missions pour la conversion des Indiens infidèles. Les chefs de ces établissemens leur rendront compte à ce sujet de leurs opérations, afin que les abus soient réformés : les députations en rendre compte à leur tour au gouvernement.

336. Si une députation abusait de ses pouvoirs, le roi pourra suspendre de leurs fonctions les membres qui la composent, en faisant part au gouvernement de la mesure qu'il aurait prise, et des motifs sur lesquels elle est fondée. Les membres suspendus seront de suite remplacés par les suppléans qui rempliront leurs fonctions.

337. Tous les membres des assemblées, et ceux des députations de province, prêteront, en entrant dans l'exercice de leurs fonctions, les premiers entre les mains du chef politique, lorsqu'il y en aura un, ou à son défaut à l'alcalde le plus ancien de nomination, les derniers entre les mains du chef supérieur de la province, le serment d'observer la constitution politique de la monarchie espagnole, d'observer les lois, d'être fidèles au roi, et de s'acquitter religieusement des devoirs de leur charge.

4

TITRE VII.
Des Contributions.
CHAPITRE UNIQUE.

238. Les cortès établiront ou confirmeront annuellement les contributions, soit directes ou indirectes, générales, provinciales ou municipales ; les anciennes subsisteront jusqu'à ce que leur abolition soit décrétée, ou qu'on en établisse d'autres.

539. Les contributions seront réparties également entre tous les Espagnols, en raison des facultés de chacun, sans aucun privilége ni exception.

370. Les contributions seront proportionnés aux dépenses décrétées par les cortès, pour les diverses branches du service public.

341. Afin que les cortès puissent fixer ces dépenses et les contributions destinées à y faire face, les ministres des finances présentera auxdits cortès, aussitôt qu'ils seront assemblés, l'aperçu général des sommes présumées nécessaires pour le service particulier de chucun de ces départemens.

341. Ls même ministre du département des finances, en même temps qu'il présentera l'aperçu des dépenses publiques, présentera aussi le plan des contributions à imposer, pour feire face à ses dépenses.

343. Dans le cas où le roi jugerait quelqu'un des impôts établis, onéreux ou préjudiciable, il le sera connaître aux cortès par l'intermédiaire du ministre des finances, en indiquant quel autre impôt il estimerait convenable d'y substiuer.

344. La somme des contributions directes une fois fixée, les cortès approuveront la répartition de cette somme entre les diverses provinces, dont chacune en supportera une quote proportionnée à sa aichesse : à cet effet présentera de même les aperçus nécessaires.

345. Il y aura pour toute la nation une trésorerie générale, qui disposera de toutes les sommes destinées au service de l'état.

346. Il y aura dans chaque province une trésorie particulière, où entreront toutes les sommes levées pour le

trésor public ; ces trésoreries provinciales seront en correspondauce nationale, et tiendront tous leurs fonds à sa disposition.

347. Nul paiement ne sera passé en compte au trésorier général, s'il n'est fait en vertu d'un décret du roi, contre-signé par le secrétaire des finances, et dans lequel sera énoncée la dépense à laquelle il aura été destiné, et relaté le décret des cortès en vertu duquel cette dépense aura eu lieu.

348. Afin que la trésorerie générale présente ses comptes avec l'exactitude convenable, la recette et la dépense devront être vérifiées respectivement par les commissions chargées de cette partie.

349. Afin que ces établissemens atteignent le bnt de leur constitution, ils seront réglés par une instruction particulière.

350. Il y aura pour l'examen de tous les comptes des fonds publics une commission supérieure des comptes, qui sera organisée par une loi spéciale.

351. Le compte que la trésorerie générale rendra annuellement de toutes les contributions et de tous les revenus publics, ainsi que de leur emploi, aussitôt qu'il aura été définitivement approuvé des cortès, sera imprimé, publié et envoyé aux députations et aux assemblées de province.

352. Le compte que rendra chacun des ministres des divers départemens du ministère, sera de même imprimé, publié et envoyé dans les provinces.

353. Le maniement des fonds publics restera toujours indépendant de toute autorité, autre que celle à laquelle il est spécirlement confié.

354. Il n'y aura point de dounes, si ce n'est dans les ports de mer, et sur les frontières du reste, cette disposition ne sera point mise à exécution, jusqu'à la détermination ultérieure des cortès.

355. La dette publique reconnue sera un des premiers objets de l'attention des cortès : ils apporteront le plus grand zèle à en assurer l'extinction graduelle ; et le paiement comptant des intérêts, en tant que cela les concerne, c'est-à-dire, en réglant tout ce qui a rapport à cette bran

che importante de l'administration publique, soit quant aux paiemens à faire, lesquels seront parfaitement indépendans de la trésorerie nationale, soit quant aux commissions des comptes et vérification.

TITRE VII.

De la force armée nationale.

CHAPITRE.

Dés troupes en services permanent.

356. Il y aura une force militaire nationale permanente, de mer et de terre, pour la défense extérieure de l'état, et pour le maintien de l'ordre intérieur.

357. Les cortès fixeront annuellement le nombre des troupes qui seront réputées nécessaires suivant les circonstances, et le mode le plus convenable de les lever.

358. Les cortès fixeront de méme, chaque année, le nombre des batimens de la marine militaire qu'il sera convenable d'armer, ou de maintenir armés.

359. Les cortès feront toutes les ordonnances nécessaires pour régler ce qui concerne la discipline, l'ordre d'avancement, la solde, l'administration, en un mot, la bonne constitution de la marine et de l'armée de terre.

360. Il sera formé des écoles militaires pour l'instruction des différentes armes des armées tant de mer que de terre.

361. Nul espagnol ne pourra se despenser du service militaire, quand il y sera appelé suivant la forme prescrite par la loi.

CHAPITRE II.

Des milices nationales

362. Il y aura dans chaque province des corps de milice nationale, composés des habitans de la province en proportion de sa population et selon les circonstances.

363. Le mode de formation de ces milices, leur nombre les divers points, leur organisation particulière seront réglés par une ordonnance speciale.

364. Le service que feront ces milices ne sera point continu; il n'aura lieu qu'autant qué les circonstances l'exigeront.

365. Dans le cas où cela serait nécessaire, le roi pourra disposer de ces milices dans les limites de leurs provinces resqectives ; mais il ne pourra les employer hors de leurs provinces sans l'autorisation des cortès.

366. Dans tous les villages de la monarchie il sera établi des écoles primaires, dans lesquelles on enseignera aux enfans la lecture, l'écriture, l'arithmétique et le catéchisme de la religion catholique, auquel on ajoutera une courte exposition des devoirs civils.

367. On créera et organisera aussi le nombre d'université et d'autres établissemens d'instruction qui sera convenable pour l'enseignement de toutes les sciences, de la littérature et des beaux-arts.

368. Le mode générel de l'enseignement sera uniforme dans tout le royaume ; ou expliquera la constitution politique de le monarchie dans toutes les universités et dans tous les établissemens littéraires où l'on enseignera les sciences ecclésiastiques et politiques.

369. Il y ausa un directoire général des études composé de personnes connues pour leur savoir, et auxquelles sera confiée, sous l'autorité du gouvernement, la surveillance de l'enseignement public.

370. Les cortès régleront, par des plans et par des instructions spéciales, tout ce qui concerne l'important objet de l'instruction publique.

371. Tous les espagnols ont la liberté d'écrire, imprimer et publier leurs idées politiques, sans avoir besoin pour cela de licence, révision ou approbation quelconques antérieurement à la publication, sauf les restrictions et la responsabilité établies par les lois.

372. Les cortès, dans leurs premières sessions, prendront en considération les infractions à la constitution, qu'ils auront pu observer, afin d'y apporter le remède convenable, et de rendre effective la responsabilité des contrevenans.

373. Tout espagnol a droit de remontrance auprès des cortès et auprès du roi, pour réclamer l'observance de la constitution.

374. Tout individu chargee d'un emploi public, civil, militaire ou ecclésiastique, en prenant posession de cet

emploi, prêtera le serment de maintenir la constitution, d'être fidèle au roi , et de s'acquitter des devoirs de son emploi.

375. Avant huit années révolues , à dater de la mise en activité de la constitution dans toutes ses parties, on ne pourra proposer aucun changement, aucune addition , aucune réforme à aucun des articles de ladite constitution.

376. Pour faire quelque changement, addition ou réforme à la constitution, il faudra que la députatton à laquelle il appartiendra de décréter définitivement ce changement ou cette réforme, reçoive des pouvoirs spéciaux pour cet objet.

377. Toute proposition de réforme à faire à quelqu'un des articles de la constitution, devra être faite par écrit, et être approuvée et signée de vingt députés au moins.

378. La proposition de réforme sera lue trois fois avec l'intervalle de six jours d'une lecture à l'autre ; et après la troisième lecture on délibérera sur la question de savoir si cette proposition sera admise ou non à la discussion.

379. Si elle est admise à la discussion , on y procédera suivant les mêmes formalités , et par les mêmes voies prescrites pour la formation des lois ; après quoi on mettra aux voix si elle sera de nouveau discutée dans la députation générale prochaine : et, pour que l'affirmative ait lieu, elle devra passer aux deux tiers des voix.

380. La députation générale suivante, après avoir observé de tout point les mêmes formalités, pourra , dans l'une ou l'autre des deux années de sa session, déclarer aux deux tiers des voix, qu'il y a lieu à demander des pouvoirs spéciaux pour faire la réforme projetée.

381. Cette déclaration faite , elle sera communiquée à toutes [les provinces; et sutvant le temps où elle aura été faite, les cortès détermineront si c'est à la députation immédiatement subséquente, ou à la suivante, que seront accordés les pouvoirs spéciaux.

382. Ces pouvoirs seront accordés par les juntes électorales des provinces, en ajoutant aux pouvoirs ordinaires la clause suivante :

« Ils leur donnent également le pouvoir spécial de faire
» à la constitution la réforme mentionnée dans le décret
» des cortès, dont la teneur suit (*Ici le texte littéral du*

» *décret*) : le tout conformément à ce qui est réglé par la
» même constitution; et ils s'obligent à reconnaître, et à
» tenir pour constitutionnel ce qu'ils établiront en consé-
» quence. »

383. La réforme proposée sera de nouveau discutée ; et
si elle est approuvée par les deux tiers des députés, elle
deviendra constitutionnelle, et sera publiée comme telle
par les cortès.

384. Une députation présentera au roi le décret de réforme, afin qu'il le fasse publier et circuler parmi toutes
les autorités, et dans tons les lieux de la monarchie.

SUIVENT LES SIGNATURES DES CORTÈS :

Andres, (Charles). Royaume de Valence.
Arostegui, (Emanuel). Province de Alava.
Alcayna, (Antoine). Royaume de Grenade.
Arguelle, (Augustin). Asturies.
Aznares. (Joseph). Aragon.
Aguirre, (Pierre-Antoine). Province de Cadix.
Avila, (Joseph-Ignace). Province de Saint-Sauveur, (Amé-
rique).
Alonso y Lopez, (Joseph). Galice.
Aner de Esteve, (Philippe). Catalogne.
Ayles, (Félix). Catalogne.
Aparici y Ortiz, (Pierre). Yeyaume de Valence.

Borrull y Villanova, (François-Xavier). Royaume de Va-
lence.
Beye Cisneros, (Joseph-Ignace). Mexique, (Amérique).
Baron de Casa-Blanca. Royaume de Valence.
Becerra, (Joseph). Galice.
Bermudez, (Joseph-Laurent). Province de Jarma, (Amé-
rique).
Balle, (Jean). Catalogne.

Comte de Buena-Vista-Cerro. Province de Cuenoa.
Conto, (Joseph-Marie). Nouvelle-Espagne, (Amérique).
Cea, (Joseph). Royaume de Cordou.
Clemente, (Fermin). Venezuela, (Amérique).
Caneja, (Joaquim), secrétaire. Royaume de Léon.
Castillo, (Florence). Costa-Rica, (Amérique).
Canedo, (Alonso)- Asturies.
Cerero, (Joseph). Province de Cadix.
Cardenas, (Joseph-Edouard). Japasço, (Amérique).
Capmany, (Antoine). Catalogne.

Conde de Joreno. Asturies.
Conde de Punonrostro. Nouveau royaume de Grenade, (Amérique).
Castello, (Joseph). Royaume de Valence.
Calatrava, (Joseph-Marie). Estremadure.
Calvet y Rabaleava, (François). Catalogne,
Ciscar, (François). Royaume de Valence.
Circus, (Sayme). Catalogne.

Duenas y Castro, (Domingue). Royaume de Grenade.
Delos Reyer, (Bonaventure) Iles Philipines, (Asie).
Dou, (Ramon Lazare). Cathalogne.
Dela Serna, (François). Province d'Avila.

Evêque de Madorque. Ile de Mayorque.
Evêque de Calahorra. Province de Burgos.
Esteller, (Balthasar). Royaume de Valence.
Escudero, (François-de-Paula), Navarre.
Evêque de Leon. Estramadure.
Espiga y Gadea, (Joseph). Catalogne.
Igula, (François). Biscaye.

Foncerrada, (Joseph). Province de Valladolid de Mechoacan (Amésique).
Fernandez-Munilla, (François). Nouvelle-Espague., (Amérique).
Felici, (Ramon). (Amérique.
Fernandez de Leyva, (Joachim). Chili, (Amérique).
Fernandez Golfin, (François). Estramadure.

Gonzalez, y Lastiri, (Michel). Incantan, (Amérique).
Garcia Goronel, (Pierre). Pérou, (Amérique).
Gordillo, (Pierre). Iles Canaries.
Garoz y Penalver, (Blas). Province de la Manche.
Gomez-Fernandez, (François). Royaume de Séville.
Garcès, y Varea, (François). Ronda.
Gonzalez de Clamas, (Pierre). Royaume de Séville,
Guridi, y Alcocer, (Joseph-Michel). Province de Has-Cala, (Amérique).
Gutierrez de Jéran, (Joseph-Marie). Secrétaire, Nouvelle-Espagne, (Amérique).
Gordon, y Barrios, (Joseph-Michel). Province de Zacatecas, (Amérique).
Garcia-Herreros, (Manuel). Province de Soria.
Goyanes, (Emmanuel). Royaume de Léen.
Gonzalez-Peynado, (François). Royaume de Jaen.
Gonzalez-Colombres, (Louis). Royaume de Léon.
Guerena, (Jean-Joseph). Nouvelle-Bizcaye, (Amérique).

Giraldo de Arquellada, (Ramon). Province de la Manche.
Gutiérrez de la Huerta, (François). Province de Burgos.
Gallego, (Jean-Nicaise). Province de Zamora.

Hermida, (Benoit-Ramon). Galice.
Herrera, (Jean-Marie). Estramadure.

Inca-Jupangui, (Denis). Hérou, (Amérique).
Inganzo, (Denis). Asturies·
Sauregni, (André). Ile de Cuba, (Amérique).
Key y Munoz, (Jacques). Iles Canaries.

Léra y Munoz, (Jean). Province de la Manche.
Laguna, (Grégoire). Estramadure.
Lopez de la Plata, (Joseph-Antoine). Province de Nicarague,
    (Amérique).

Luxan, (Emmanuel). Estramadure.
Lopez del Pan, (Joseph-Sauveur). Galice.
Lopez, (Simon). Royaume de Murcie.
Larrasabal, (Antoine). Province de Goatemala, (Amérique).
Lopez-Lisperquer, (François). Buenos-Ayres, (Amérique).
Llados, (Ramon). Catalogne.
Llaneras, (Antoine). Ile de Mayorgue.
Llarena, y Franchy, (Ferdinand). Iles Canaries.
Lloret y Marti, (Antoine). Royaume de Valence.
Llamo, (Emmanuel). Province de Chapa, (Amérique).

Marquis de Jamarit, Catalogne.
Melgarejo, (Ferdinand). Province de la Manche.
Martinez-Fortun, (Isidor). Royaume de Murcie.
Martinez-Fortun, (Nicolas). Royaume de Murcie.
Martinez, (Joseph). Royaume de Valence.
Martinez, (Bernard). Galice.
Martinez, (Emmanuel-Marie). Estramadure.
Martinez, (Joachim). Royaume de Valence.
Maldonado, (Maxime). Nouvelle-Espagne, (Amérique).
Manian (Joaquin). Vera-Cruz (Amérique).
Mendiala (Moriano). Province de Queretaro (Amérique).
Morales-Duarez (Vincent). Pérou (Amérique).
Morales-Gallego (Joseph). Province de Séville]
Munoz-Forrero (Diego). Estramadure).
Morales-de-los-Rios (Andres). Province de Cadix.
Morejon (Josep-François). Provinces d'Honduras (Amér.).
Morros (François). Catalogne.
Manglano (Raphël). Province de Tolède.
Mexia, le querica (Joseph). Nouveau royaume de Grenade
    (Amérique).

Marquis de Villafranca y los Velez. Murcie.
Moragues (Guillaume). Ile de Majorque).
Mosquera y Cabrera (François) Ile de Saint-Domingue.
Mosquera y Lera. (Benoit-Marie). Galice.
Nunez de Haro (Alphonse). Province de Cuenca.
Navarro (Ferdinand). Catalogne.
Navarrete (Joseph-Antoine). Secrétaire Pérou (Amér.).

Ostolaza (Blas). Pérou (Amérique).
Olmedo (Joseph-Joachin). Guayaquil (Amérique).
O-Gavan (Jean-Bernard). Ile de Cube (Amérique).
Orliz (Joseph-Joachin). Panamr (Amérique).
Oliveros (Antoine). Province d'Estramadure.
Obregon (Octavien) Guanaxato (Amérique).

Pasqual (Vincent), président. Aragon.
Power (Ramon) Puerto-Rico (Amérique.)
Pevez (Auioine-Joachin). Puebla de los Augeles (Amér.).
Polo y Catalina (Jean). Aragon.
Parga (Antoine). Galice.
Pepiol (François). Catalogne.
Payan (Antoine). Galice.
Palacios (Etienne). Venezuela (Amérique).
Pardo (François). Galice.
Pevez de Castro (Evariste). Province de Valladolid.
Parada (Diego). Province de Cuenca.

Quiroga (Jean-Bernard). Galice.
Quintano (Jean). Province de Polencia.

Rodrigo (Emmanuel). Buenos-Ayres (Amérique.).
Rodriguez-Bahamonde (Augustin). Galic.
Rodriguez del moute (Louis). Galice.
Ruis de Padron (Antoine-Joseph). Iles Canarie.
Rivera (Pierre). Galice.
Ruiz (Jérôme). Province de Segovie.
Roxas (Emmanuel). Province de Cuenca.
Rovira (Alphonse). Royaume de Murcie.
Riesco (François-Marie). Estremadure.
Riesco y Puente (Michel). Chili (Amérique).
Ric (Pierre-Marie). Aragon.
Roa y Fabian (Joseph). Molina.
Rivas (Joseph), Ile de Mayorque.
Rocafult (Joseph-Marie). Royaume de Murcie.
Ros (Emmanuel). Galice.
Ramos de Arispe (Joseph-Michel) Province de Cabalmisa
    (Amérique).
Ruis (Joseph-Dominique (Province de Maracaybo (Amér.),

Rodriguez de Barone (François de Sales). Royaume de Séville.

Samper (Antoine). Royaume de Valence.
Selas (Jean). Ronda.
Sombiela (Joseph-Antoine). Royaume de Valence.
Santalla y Quindas) François). Royaume de Léon.
Savaliego (André). Nouvelle-Espagne (Amérique)
Salas y Bojadors (Joseph j. Ile dé Mayorque.
Serres (Jean). Catalogne.
Sierra y Llanes (François). Asturies.
Salazar (François). Pérou (mérique).

Merrero (Vincent). Province de Cadix.
Lraver (Vincent-Thomas). Rozaume de Yalence.
Torres- y Machi (Soseph) Poyaume de Valence.
Torres-Guerra (Alphonse). Province do Cadix.

Utgès (Ramon). Catalogne.
Uria (JosephsSimon) Nouveau royaume de Galice (Amér. (.

Vasquez de Aldana (Antoine). Province de Toro.
Vazquez (Philippe). Asturies.
Nalcarce y Pena (Antoine). Soyaume de Léon.
Valcarcel Dato (Joseph). Province de Salamanque.
Velasco (Louis). Buenos-Ayres (Amérique.
Vayquez de Parga (Antoine). Galice.
Velodiez y Herrera (Joseph-Marie). Province de Guadalaxara.
Vega y Nfanzon (André-Ange). Asturies.
Vega y Sentmanat (Joseph). Catalogne.
Villagomez (Michel olphons;). Royaume de Léon.
Villanueva (Joachin-Laurent). Royaume de Valence.
Yera y Pantoje (Alphonse). Estremadure.

Zufrietegui (Raphaël). Monte-Video (Amérique).
Yumalacarregui (Michel-Antoine). Guipuzcoa.
Zuazo (Antoiuc). Pérou (Amérique.
Zorraniu (Joseph), secrétaire. Province de Madrid.

Nous ordonnons à tous les Espagnols, nos sujets, de quelque classe et condition qu'ils soient, qu'ils reçoivent et qu'ils observent la constitution présente, comme loi fondamentale de la monarchie. Nous donnons le même ordre à tons les tribunaux, juges, chefs, gouverneurs et autres autorités civiles ou militaires et ecclésiastiques, de toute dlasse et dignité, qu'ils observent et fassent observer, maintenir et exécuter cette constitution dans toutes ses parties. Vous l'aurez pour entendu, et vous prendrez les dispositions nécessaires pour son exécution, la faisant imprimer, publier et circuler. JOAQUIN DE MOSQUERA Y FIGUERON, président. — JUAN VILLAVICENCIO. — IGNACIO RODRIGUEZ DE RIVAS. Le comte DEL ABISBAL. — A Cadix, le 19 de mars 1812. A. D. IGNACIO DE LA PEZUELA.

Lorsque Ferdinand VII rentra en Espagne, le président des cortès se présenta devant lui, et lui dit :

« PRINCE,

» Une déplorable crédulité vous a fait descendre du trône où vous étiez monté prématurément par la pusillanimité de votre père, qui avait perdu la confiance de la nation.

» Les circonstances de cet événement ont été marquées par les scènes scandaleuses qui ont déconsidéré votre famille. Votre perte a failli entraîner celle de la nation, et elle n'a dû son salut qu'à son courage et à sa persévérance.

» Les calamités qu'elle a éprouvées sont inouïes, et la patrie est encore en deuil pour les sacrifices généreux qu'elle a faits dans la cause de son indépendance.

» La nation qui est restée debout au milieu de ses ruines, pourrait se donner pour chef celui de ses guerriers qui a le plus vaillamment défendu sa liberté, ou celui de ses magistrats qui a le plus courageusement soutenu ses droits. La reconnaissance lui en fait un devoir, et peut-être que le désir de sa conservation lui en fait un besoin. Cependant, fidèle à ses sermens plus qu'à la voix de son intérêt, elle replace sur votre tête cette couronne qui en était tombée, et qu'elle a su reconquérir pour vous et sans vous. Ne perdez jamais de vue que vous ne devez cette couronne qu'à la générosité nationale, et que votre vie entière et celle de vos descendans n'auront jamais assez de durée pour vous acquitter envers elle. La patrie ne met à votre autorité d'autres limites que celles qui sont posées par la Charte constitutionnelle que ses représentans ont adoptée. Le jour où vous les franchiriez, le pacte solennel qu'elle forme aujourd'hui avec vous serait rompu, et vous deviendriez vous-même sujet de la loi dont vous êtes devenu l'organe.

» Régnez, prince ; consolez la patrie des maux qu'elle a soufferts pour vous et par vous, et employez l'autorité qu'elle vous remet à cicatriser ses plaies. Il n'est aucun sacrifice par lequel elle ne soit encore disposée à vous seconder dans cette noble entreprise.

» Que le ciel protège et prolonge vos jours, autant qu'ils seront consacrés à la prospérité nationale. »

Extrait de la Gazette extraordinaire de Madrid,
Du 7 Mars.

(Article officiel).

Son Exc. le marquis de Mataflorida, secrétaire d'état, et ministre de la justice, à communiqué à S. Exc. le duc d'Infantado, président du conseil suprême de Castille, le décret royal qui suit :

« Excellence, le roi notre seigneur a daigné me communique, en date du 6, le décret suivant :

» Mon conseil royal et d'état m'ayant fait connaître combien la convocation des cortès serait convenable au bien de la monarchie ; en me conformant à son avis, parce qu'il est d'accord avec les lois fondamentales que j'ai jurées, je veux qu'immédiatement les cortès soient convoquées ; à cette fin, le conseil prendra les mesures les plus convenables pour que mon désir soit rempli, et que les représentans légitimes du peuple soient entendus et revêtus, conformément aux lois, des pouvoirs nécessaires. De cette manière, on conciliera tout ce que le bien général exige ; ils doivent être convaincus qu'ils me trouveront prêt à tout ce que l'intérêt de l'état et le bonheur de mon peuple, qui m'a donné tant de preuves de sa loyauté, pourront exiger. Dans ce but, le conseil me soumettra tous les doutes qui pourront se présenter. Afin qu'il n'y ait pas la moindre difficulté ni le moindre retard, je vous communique le présent ordre, pour que vous vous mettiez en mesure de l'exécuter.

Je vous le fais savoir d'ordre exprès de Sa Majesté, pour que le conseil s'y conforme, et que sans le moindre retard, il dispose de ce qui conviendra pour réaliser les bienfaisantes intentions de Sa Majesté.

» Dieu vous garde longues années.

» Du Palais, le 6 mars 1820. »

Gazette extraordinaire de Madrid, du mercredi, 8 *mars.*

(Article officiel).

Le roi, notre seigneur, a daigné adresser à ses secrétaire de tous les départemens le décret royal suivant :

« Pour éviter les délais qui pourraient avoir lieu par suite des incertitudes qu'éprouverait au conseil l'exécution de mon décret d'hier, portant convocation immédiate des cortès, et la volonté du peuple s'étant généralement prononcée, je me suis décidé à jurer la constitution promulgée par les cortès généraux ex extraordinaires, en l'an 1812.

» Je vous le fais savoir, et vous vous hâterez de publier les présentes, paraphées de ma royale main.

» Au palais, le 7 mars 1820.

BIBLIOTHEQUE NATIONALE DE FRANCE
3 7531 00726293 5